Bernhard Welte

Gott führt ins Weite

Bernhard Welte

Gott führt ins Weite

Texte gegen die Entmutigung

Herausgegeben von
Alice Scherer

Herder
Freiburg · Basel · Wien

Herstellung: Freiburger Graphische Betriebe 1988
ISBN 3-451-21192-0

Inhalt

Einleitung

„Da mir eng war, hast Du mir's weit gemacht", diesen Vers aus dem 4. Psalm, der heute noch jeden Sonntag in der Komplet gebetet wird, hat Bernhard Welte gern über sein Leben gestellt. Er hat davon gesprochen, behutsam und ohne ins einzelne zu gehen, wie Gott ihn aus der Enge früher Jahre ins Weite geführt hat. Er hat dann in dieser schönen Weite gelebt und ihren Reichtum entfaltet; er hat dies immer wieder erfahren, neu angenommen und bestanden in der notvollen Enge seines zu Ende gehenden Lebens. Er hat es zu seinem Abschiedswort bestimmt, und sein früherer Schüler und späterer Freund, Bischof Klaus Hemmerle, hat es in seiner Ansprache beim Requiem für Bernhard Welte am 9. September 1983 entfaltet. Und dieses Wort steht auch auf seinem Grabstein, den ein anderer Freund, der Bildhauer Emil Wachter, für ihn gestaltet hat.

„Du hast mir's weit gemacht" – was er selbst erfahren hatte, das hat er anderen weitergegeben, als Priester, als Seelsorger, als Prediger und als akademischer Lehrer, im Gespräch mit den Freunden, in seinen wissenschaftlichen Publikationen und in schlichten kleineren Büchern. Dabei hat er, wie Bischof Hemmerle es ausführte, die Menschen mitgenommen wie auf eine weite Bergbesteigung (wie sehr hat er die Berge gekannt und geliebt!), ihnen den Blick geöffnet und manchmal mit ihnen vor einer plötzlichen Ausweglosigkeit gestanden, wo es nicht mehr weiter zu gehen schien. Er hat sie gelehrt, sich den Fragen der sie bedrängenden Welt und des eigenen Herzens zu stellen, „sich nicht aus der Wirklichkeit hinwegzustehlen", wie er einmal formulierte, sich nicht mit billigen Scheinlösungen zufriedenzugeben. Er führte „durch die Landschaft alles Menschlichen hindurch in die Enge und Not, die am Ende bleibt, bis dann die Begegnung erfolgt mit *dem,* der in die Weite führt, der den Frieden schenkt und der unser Ja, unser Hoffen, unser Lieben ermöglicht.

Dort konnte er von Jesus sprechen, so, daß das Kind, der Schwache und Kranke, der Bischof, der Theologe, der Arzt, ganz einfach gebetet haben, zitternd, aber ehrlich mit diesem Jesus zu sprechen begannen und sagten: Ja, *du* führst mich ins Weite!" (Klaus Hemmerle)

Diese Erfahrung, von Jesus mitgenommen zu werden ins Weite (und mit welcher Ehrfurcht sprach er das Wort Jesus jedesmal aus!), vermittelte er neben seinen Schriften besonders auch in seinen Predigten, die er als Rektor der Freiburger Universitätskirche durch Jahrzehnte hindurch im Sonntagsgottesdienst hielt. Dazu kamen nicht nur die Studenten und viele Freiburger Akademiker, es kamen zu seinen Münsterpredigten, etwa an den Abenden der Fastenzeit, auch die vielen „Mitchristen", wie er sie gern anredete, aus der Stadt, und es kamen so die Bauern und die Kurgäste in Hinterzarten, wo er jahrelang zu den Festzeiten in der Seelsorge aushalf und predigte.

„Enge aushalten und dem begegnen, der in die Weite führt" – das war das Anliegen seines philosophischen und theologischen Fragens gewesen, in dem er mit dem Mut und der Gewißheit des Glaubens immer weitere Räume des Denkens erschloß. Das schenkte er, der in gleicher Weise auch einfache Menschen anzusprechen verstand, als unmittelbare geistliche Wegweisung in seinen Büchern für weite Kreise, so in der Schrift über Maria, über den Geist des Christentums, über den Tod als Ernstfall der Hoffnung. Immer aber spürte man, auch in seinen philosophischen Schriften, sein persönliches Beteiligtsein, die Sprache seines Herzens, und so fühlt man sich selbst in seinem eigenen Herzen angerührt.

Viele dieser kostbaren Texte, längst schon in meinen eigenen Exemplaren angestrichen und oft und oft wieder gelesen, verdienen es, gesammelt und einem weiteren Kreis dargeboten zu werden. Ich habe versucht, diese reichen Gedankengänge in bestimmte Themengruppen zu ordnen und ihnen jeweils von Welte selbst geprägte Formulierungen als Überschrift vorangestellt.

An seine Predigten schloß Welte jedesmal, weil es ihm wichtig war, von ihm selbst formulierte Fürbitten an, in denen er einige ihrer Grundgedanken nochmals zusammenfaßte. So schien es angebracht, an die einzelnen Kapitel dieses Buches ebenfalls eine dieser Fürbitten anzuschließen. Es geht darin im Grunde immer um die Bitte um Befreiung, um Aufbruch in die Weite des Heiles.

Diese biblische Aufforderung zum Mut, diese Hilfe gegen alle Entmutigung kommt in jeder Schrift von Bernhard Welte zur Geltung. Möge denn dieses kleine Buch in seinem Auftrag es weitersagen: Gott führt ins Weite, fürchte dich nicht!

Alice Scherer

1

Die gewährte Zeit ist voll von Geheimnis

Warum wünschen wir einander eigentlich Guten Tag und Guten Abend, warum wünschen wir einander ein gutes Neues Jahr, warum wünschen wir gerne Glück und Segen zum Geburtstag? In solchen Grüßen und Wünschen achten wir doch der gewährten Zeiten, und wenn wir vielleicht auch nicht immer daran denken mögen, so kommt in solchen sprachlichen Gebräuchen doch eine Zeiterfahrung zum Ausdruck, in der die Zeit das sich Gewährende ist, das wir nicht in der Hand haben und über das wir nicht verfügen können. Nur wünschen können wir darum. Diese Gruß- und Wunschformen wissen anscheinend wohl, daß die Zeit im Grunde nicht technisch organisierbar ist. Darum machen wir zuzeiten etwas, was in diese technisch-rationale Welt eigentlich gar nicht passen will: wir wünschen Guten Morgen und Glück und Segen zum Geburtstag.

Von wem her aber soll, dem Sinn solcher Wünsche gemäß, das Gute des neuen Tages und das Glück des neuen Lebensjahres sich schenken? Das sagen wir für gewöhnlich nicht. Aber es ist wenigstens so viel klar, daß dies im Grunde kein menschliches Gemächte sein soll.

Sind also diese einfachen Wünsche, die wir aussprechen und die ja offenbar mit der Tageszeit und mit der Jahreszeit und mit der Lebenszeit gehen, nicht vielleicht verkleidete Gebete, mögen wir nun daran denken oder nicht? Rufen wir da nicht, ohne es zumeist zu merken, zu dem lebendigen Geheimnis, von dem alles Gute kommt, zu Gott? *Er* möge den guten Tag und das gute Neue Jahr und besonders das gute und kostbare neue Lebensjahr gewähren nach der Ordnung unserer Zeit, die er uns eröffnet hat. Heißt nicht jeder Wunsch und Gruß dieser Art im Klartext eigentlich: „Gott grüße Dich!"?

Ja, man darf wirklich glauben, daß dies eigentlich Gebete sind, auch wenn die Oberfläche solcher Grüße und Glückwünsche noch so sehr säkularisiert sein mag. In ihnen zeigt sich die uralte und immer neue Verbundenheit von Zeit und Gebet auch heute noch täglich an, freilich oft unverstanden.

Aber wenn das recht gesehen ist, dann bleibt uns doch die Möglichkeit, das Unverstandene und Versunkene wieder anzuheben, wieder zum Verständnis zu bringen und bewußtzumachen. Dann können wir uns wieder öffnen dem Zuspruch, der mit der Zeit still die gönnende Weile uns zuspricht, und dann können wir dem Zuspruch wohl auch wieder Antwort geben durch ein Gebet, das nicht einfach wie zufällig von der Zeit heruntergerissen ist, vielmehr durch ein Gebet, das tief und ursprünglich verbunden ist mit der Zeit als dem kostbaren und je einmaligen Zuspruch Gottes, durch ein Gebet, das aus einem so ihm gewährten Spielraum frei und gut erwächst und mit dem Gewährenden sich eint.

Zeit u. Ewigkeit, 258

Die gewährte Weile eines Augenblicks gehört in die größere gewährte Weile unseres ganzen Lebens vom Morgen der Geburt bis zum Abend des Sterbens. Der Augenblick macht so spürbar, daß die ganze Lebenszeit gewährte und gegönnte Weile ist und daß sie als das Ganze einmalig und kostbar ist. Dieser

Zusammenhang macht das Geheimnis der Zeit als der gewährten Weile erst ganz groß. Er erregt Fragen, die man nicht so beantworten kann, wie man sonst Fragen zu beantworten pflegt. Woher ist mir dieses Licht der Welt, das ich mein Leben nenne, geschenkt? Wozu ist es mir gegönnt und gewährt? Wohin wird es mir wieder abgenommen? *Die gewährte Zeit ist* wirklich *voll von Geheimnis* in ihrem gewährenden Sich-Öffnen, in ihrem verweilenden Verlauf, in ihrer gestimmten Gliederung, in ihrer einmaligen Kostbarkeit, in ihrem Weggang und Heimgang. Voll von einem Geheimnis, das uns herausfordert und einlädt, nicht nur es geschäftig zu vernutzen, was wir freilich bisweilen müssen, sondern mehr noch werden wir eingeladen, bisweilen des Geheimnisses selbst zu gedenken, ja ihm Antwort zu geben, dem Geheimnis, das sich uns öffnet in der Zeit als der gewährten Weile.

Darum ist es der Sache angemessen, dem Gewährenden der gewährten Weile und dem Geheimnis, das in ihm spricht, Antwort zu geben: durch das Gebet. Das gewährende Geheimnis also zu *nennen* und anzurufen: Mein Herr und mein Gott!

Zeit u. Ewigkeit, 255

Wie wäre es, wenn das Kommen und Gehen der Zeit, in das wir uns eingespannt finden, das Kommen und Gehen, in dem uns unaufhörlich der Ball sich erneuernder Gegenwart zugespielt wird, daß wir ihn fingen und zurückgäben, und in dem ebenso unaufhörlich alle Bälle und alle Schläge uns wieder weggenommen werden, um am Orte Nirgendwo aufbewahrt zu werden: wie wäre es, wenn dies, das Kommen und Gehen, der Gang und das Spiel des *Ewigen* mit uns *Sterblichen* wäre? ...

Und könnten wir nicht das Wort des sterbenden Jesus: „Es ist vollbracht" als das Schlüsselwort aller Zeit betrachten? Das Wort, das dieses Leben und alles gewesene Leben besiegelt und das man zuletzt über jeden und über alle sagen kann und muß und das zugleich, biblisch verstanden, das Schlüsselwort und der Schlüssel des österlichen Morgens ist. Das Vollbrachte bahnt ihn an und schließt ihn auf. Es weist in die große Befreiung, den ewigen Augenblick, ... wenn der lautlose Jubel sich erhebt, weil alles da und gewonnen ist. Geschenkte Zeit, 135

Wenn wir bisweilen still und gesammelt sind, dann werden wir bereit sein können, aus Gottes Hand anzunehmen, was immer er uns schickt, wie Maria bereit war anzunehmen, was Gott schickte.

Zum Beispiel, uns selber von Gott anzunehmen, unsere Stärken und Begabungen wie auch unsere Schwächen und Torheiten, die uns oft in Komplexe der Minderwertigkeit verstricken, unsere Jugend anzunehmen mit ihrem Glanz und ihrer Torheit, unser Älterwerden und unser Alter mit seiner Würde und seiner Last, unsere Mitmenschen anzunehmen, die auf uns zukommen. Und unsere Schicksale und die Herausforderungen unseres Lebens, unserer Gesellschaft, unserer Zeit: das alles kommt doch aus Gottes Hand auf uns zu, und so ist doch wohl in alldem eine Botschaft versteckt oder gar ein Bote, in allem ist ein leises Wort, das uns ruft: Sei bereit! Fürchte dich nicht! Bestehe den Ruf Gottes, der dich ruft in deiner Situation! Maria, 14 f.

Die Geduld bewegt sich wohl im kleinen Bereiche des Alltäglichen, aber ihr Atem ist der stille und lange Atem der Ewigkeit und ihres großen Heiles.

Sie besteht vor allem darin, daß wir die Ferne und die Verborgenheit des christlichen Heils und der ewigen Hoffnung ertragen müssen inmitten der Nähe und Aufdringlichkeit unseres täglichen irdischen Daseins, in das wir doch mit beiden Füßen uns gestellt finden. Für unsere Erfahrung fallen diese beiden Bereiche oft so quälend weit auseinander, an unser Herz aber ergeht die Forderung, sie im Glauben und in der Geduld gleichwohl zusammenzuhalten und weder das eine noch das andere aufzugeben.

Dieser Forderung zu genügen ist eine stille und unscheinbare, aber gleichwohl eine wahrhaft große Sache. Denn was da durchzustehen ist, ist nichts Kleines. Und noch größer ist, um dessentwillen es durchzustehen ist: das Reich Gottes.

Da gibt es die langen Strecken, in denen uns das Ewige nur noch wie ein verwehter Klang oder Hauch und fast wie ein Nichts erscheint und unser Gemüt ihm entfremdet. Da gibt es die verborgenen Verwirrungen, in die wir uns verstricken und die uns den Blick des Geistes trüb machen, so daß uns das Evangelium unverständlich wird und die Frage nach Gott zu einer dunklen und schreckenden Last, vor der wir entlaufen. Und da gibt es die Macht der Zeit, in der wir leben und der sich keiner von uns ganz entziehen kann. Und da ist die ungeheure Last der menschlichen Geschichte überhaupt und ihre großen und höchst realen Fragen und Aufgaben ...

Der Geist aber sagt: Erstaune nicht! Solches zu lieben und zu tragen ist dein Anteil! Erstaune nicht und bleibe treu inmitten der Niedrigkeit und Schwäche deines eigenen Lebens und des allgemeinen Lebens! Bleibe treu dem Wort und dem Licht, auch wo du nicht zu hören und zu sehen glaubst und durch die Nacht gehst! Der Geist sagt: Fürchte dich nicht und lasse dich nicht verwirren! Bewahre im verborgenen Grunde deines Herzens Ruhe und Treue! Ja der Geist sagt am Ende noch mehr und noch Kühneres, er sagt: Getraue dich hinaus in die Nöte des Daseins! Bist du nicht gesandt und hast du nicht eine Aufgabe, indem du dies trägst? Wirst du nicht vielleicht, indem du in Geduld und in Treue dahingehst durch die Nacht, vielen helfen und manchen stärken können? Getraue dich, wie der Herr sich getraute in die Nacht hinein und in die Gottverlassenheit und in den Tod: er getraute sich, um viele Mühselige und Beladene zu stärken und zu erquicken. Geist, 48 f.

Die Geduld des Geistes ist ein langer Atem, in dem wachsen und reifen kann, was nach Gottes Willen wachsen und reifen soll in uns, über Tage und Jahre. Das lebendige Korn wächst nicht nur in den Frühlingen und Sommern, es wächst auch im Winter, über Nacht und Schnee, und wenn kein Mensch es sieht.

Es kann gar nicht gedeihen ohne dies. Es kennt seine Zeit und hat keine Ungeduld. So kennt Gottes Geist seine und deine Zeit, er, der in dir ein- und ausgeht, auch wo du glaubst, fern von ihm zu sein! Geist, 51

Wir müssen immer neu den Ausbruch versuchen aus der Enge, Dürftigkeit und Kleingläubigkeit unseres Herzens, aus der Trockenheit und Dürftigkeit unserer Gedanken, aus den uns allzuleicht verhärtenden Erfahrungen unseres Lebens und hin zu dem befreienden Glauben, den uns das Evangelium möglich macht. Wir sollen und müssen zwar mutig die Dinge sehen, wie sie sind, in uns und um uns. Der Geist der Liebe darf nicht mit Illusionen anfangen. Aber wir sollen inmitten der illusionslosen Wüste des Daseins diese Kraft des Glaubens finden, des Glaubens, daß wir geliebt sind. Geist, 55

O Herr,
du hast uns in Jesus deinen Segen und dein Geleit zugesprochen für all unsere Jahre,
wir bitten dich:

Führe und geleite uns, und stärke uns auf unserem bisweilen beschwerlichen Weg.
Überwinde bei uns immer neu unsere Torheit und Herzenshärte, und eröffne uns den Sinn deiner Weisung.
Befreie uns und alle, die wir lieben, vor aller Angst vor der ungewissen Zukunft, und gib uns eine frohe und beständige Zuversicht.

Gib uns Fröhlichkeit und Mut, damit wir die Last jeden Tages gut zu tragen vermögen.

Vater im Himmel! Hilf uns, dir zu dienen in der Nachfolge Jesu, deines Sohnes. Du weißt, wie schwer es uns oft fällt und wie wankend und eitel unser Herz ist. Darum stehe uns bei an diesem und an jedem Tag, damit der Geist Jesu wirklich anfange zu leben und zu leuchten und ein wenig zu herrschen unter uns.

2

Glauben ist das große Ja zum Ganzen unseres Daseins

Der Glaube ist kein abstraktes System, sondern etwas ganz Konkretes: er macht uns zu *Jüngern Jesu.* Und auch dies hat nicht einen bloß äußerlichen Sinn. Wenn wir wirklich glaubend uns dem Herrn anvertrauen, dann ist es doch so, daß wir auf ihn *alles* setzen, was wir überhaupt einzusetzen haben, und daß wir uns rüsten und bereit machen, auf ihn hin unser Leben zu wagen und unseren Tod und alles, was diese Worte umschließen.

Im Ernst des Glaubens ist *alles* eingesetzt, unsere Hoffnungen, unsere Liebe, unsere Sorge und was das ganze, liebe Leben nur immer umfängt. Anfechtungen erweisen uns oft den Dienst, daß sie uns auf den Ernst des Glaubens aufmerksam machen, gerade durch die Not, mit der sie uns bedrängen. Was bloß spielerisch ist, was uns nicht einfordert und keinen Einsatz verlangt, das macht uns auch keine Sorge.

Halten wir für alles dies unseren Blick offen, dann wird uns unser Glaube immer ungewöhnlicher und immer größer erscheinen. Dann spüren wir, daß wir als glaubende Menschen auf einem ungemeinen Wege sind, auf einem harten und kühnen, daß wir uns durch ihn aufgemacht haben zu etwas, was von der durchschnittlichen Haltung der Menschen her wie ein Abenteuer erscheinen muß. Aber dieses Abenteuer ist das wahre Abenteuer des Geistes, sein Adel, sein Mut und seine Gnade. Kein bodenloses Abenteuer, ganz gewiß, aber eines, dessen ewiger Boden und lebendiger Grund sich nur den Bereiten zeigt …

Glauben, 10 ff.

Der Glaube gibt alles hin und verläßt sich mit allem und ganz auf Gott. Dies tuend aber, empfängt er auch wieder sich und alles aus Gottes Hand. Er erfährt sich und die ganze Welt als Gabe, als Geschenk, als Wort, als Zeugnis Gottes.

Glauben an Gott heißt auch: glauben an sich selbst, d.h. sich selbst annehmen aus Gottes Hand, so wie man ist. Der Glaube ermöglicht diese Freiheit, ja er fordert sie an, die Zwänge des Vor-sich-selbst Ausweichens und Sich-vor-sich-selbst-Versteckens zu durchbrechen und sich offen und frei aus Gottes Hand anzunehmen.

Glauben an Gott heißt damit auch und wiederum: seine Welt, seine Mitmenschen, seine Gesellschaft, seine Zeit, sein Schicksal aus Gottes Händen annehmen einschließlich aller Sorgen, die zu dieser Welt gehören, einschließlich auch des eigenen Todes und des Todes der Mitmenschen. *Glaube,* sofern er konsequent ist, *ist* also *das große Ja,* die große Positivität *zum Ganzen des Daseins,* zum Ganzen der Welt. Denn dem an Gott Glaubenden winkt aus allen Gestalten der Natur und allen Wendungen des Geschickes das unendliche Geheimnis Gottes. Er vermag den Wink und auch oft die Herausforderung des Ewigen in allem und über allem zu vernehmen.

Religionsphilosophie, 175

Im Glauben sage ich Ja zum Dasein im Ganzen, zu seiner Endlichkeit wie zu seiner Unendlichkeit. Ich sage Ja zu dem, wozu die Verzweiflung Nein sagt.

Sage ich glaubend und in Wahrheit Ja zum Dasein

und seinem Sinn, so sagt dies zunächst ein Doppeltes.

Zuerst dies, daß ich Ja sage zu meiner Endlichkeit und dies so, daß ich diese meine Endlichkeit annehme. Ich nehme an die Begrenztheit meiner Kräfte, die Brüchigkeit meiner Realisierungen, die Schuld, in der ich jeweils so eigentümlich ans Ende meiner Möglichkeiten gekommen bin; ich nehme schließlich an meinen Tod, in dem ich wieder auf andere Weise ans Ende kommen werde. In alledem nehme ich mich an, wie ich faktisch bin: endlich.

Das positiv gestimmte und volle Ja zur eigenen Endlichkeit, das zum Glauben gehört, kann man den *Einsatz* des Glaubens nennen. Im Glauben wird eingesetzt, was ich wirklich bin. Es wird eingesetzt meine Endlichkeit, mein Scheitern, mein Tod. Wo dies nicht eingesetzt würde, wo die Schärfe der Endlichkeit und der Schmerz der Endlichkeit nicht in die Waagschale geworfen wäre, wo dieser Schmerz vielleicht noch gar nicht zur Entfaltung gelangte im Dasein: da könnte das Ja des Glaubens nicht voll entwickelt sein. Da wäre infolgedessen der Glaube noch zu leicht und zu billig genommen und gleichsam unter seinem Preise gekauft. Und wie leicht kann sich dies dann zeigen, wie leicht und schnell kann solcher zu leicht genommener Glaube sich verflüchtigen, wenn die großen Erfahrungen der Endlichkeit das Dasein bedrängen, einfordern und zuletzt wie vernichten. Dann ist der zu leichte Glaube nicht fähig, das Entscheidende des Daseins zu tragen, sein entscheidendes Dunkel zu erhellen, seinen entscheidenden Schmerz auf sich zu nehmen, er kann dann nicht mehr bestehen. Und daran wird dann klar, daß es kein voll entfalteter, kein in sein volles Wesen gekommener Glaube war.

Darum sagen wir, daß das Ja des Glaubens zuerst ein Ja zur ganzen Endlichkeit des Daseins und darin zur ganzen Spannung und zum ganzen Schmerz der Endlichkeit dieses Daseins ist, indem nämlich im Ja des Glaubens diese ganze Endlichkeit eingesetzt wird.

Die andere Seite im Ja des Glaubens ist diese, daß er auch die Unendlichkeit bejaht, die zum Dasein gehört, und dies wiederum auf eine eigentümliche Weise. Im Glauben bejahe ich das, was den unendlichen Sinn, die unendliche Bedeutung, die unendliche Erfüllung meines Daseins gewähren kann, und ich setze darauf meine Endlichkeit, meine Sterblichkeit, meine Vergänglichkeit ein. Spielfeld, 110f.

Im Glauben läßt sich der Glaubende im Ernst und wirklich selber los aus den Händen seiner eigenen Sorge um sich und seines eigenen Verfügens über sich und seines eigenen Bestehens auf sich. Dieser Vorgang, sich im Ernst glaubend loszulassen auf Gott hin, ist aber nur dann der religiösen Grundsituation angemessen, wenn er total ist und also nichts herausläßt von dem, was der Glaubende an sich und für sich und in seiner Welt wirklich ist. Denn vor Gott sind wir ganz, wie wir sind. Vor dem Unbedingten hat es insbesondere keinen Sinn, Bedingungen zu stellen und mit ihrer Hilfe auf Ausnahmen zu bestehen gegenüber der Ganzheit des geforderten Sich-Loslassens auf Gott hin. Solche Ausnahmen könnten sprachlich die Form haben: ich verlasse mich, und ich übergebe mich, *aber* diesen oder jenen Umstand in meinem Leben mußt du schonen. Alles aber dieser Art, alle Bedingungen und alle Ausnahmen haben vor dem unendlichen und unbedingten Geheimnis Gottes keinen Sinn.

Zur Totalität ebenso wie zur Wirklichkeit des Sich-Loslassens aus der Grundbewegung des Glaubens gehört darum auch, daß alle Verdrängungen, soweit dies immer möglich ist, geöffnet und gelöst werden, seien sie nun innerseelischer oder seien sie gesellschaftlicher Art, handle es sich um Verdrängungen von Triebkomplexen oder von Schuld oder um die Verdrängung des Sterbens. Vor Gott steht ohnehin alles, darum darf und soll im Blick auf Gott alles geöffnet, an alles gedacht, alles gelöst und freigegeben werden. So hat der Glaube von seinem Ansatz und Prinzip her einen lösenden und befreienden Charakter. Freilich wird es nicht selbstverständlich sein, daß dieser Charakter sich in der jeweiligen konkreten Situation auch wirklich und vollständig durchsetzt. Aber gefordert ist er immer.

Dieses Sich-ganz-zu-Verlassen ist auch nur dann auf angemessene Weise vollständig, wenn es zugleich die ganze Welt des Glaubenden umfaßt. Denn meine Welt gehört zu mir, sie ist der Gegenstand meiner Gedanken, meiner Sorgen, meiner Befürchtungen, meiner Interessen. So ist sie *meine* Welt. Und so habe ich mich selber nur ganz losgelassen, wenn ich mit mir auch meine ganze Welt losgelassen und übergeben habe. Meine ganze Welt aber ist die Welt überhaupt mit dem ganzen ungeheueren Gewicht der sie bewegenden Interessen und Triumphe und Niederlagen und Leiden: das *Ganze* gilt es loszulassen.

Sich wirklich und ganz verlassen, die ganze Welt verlassen, darum geht es. Jedoch so, daß es zugleich und wesentlich darum geht, sich und alles nicht ins Leere, vielmehr von Gottes Geheimnis betroffen, sich und alles ganz auf Gott hin zu verlassen. Auf diese Hinbewegung, auf das alles übertreffende Geheimnis Gottes kommt alles schließlich an, sie macht den Glauben erst zum wirklichen Glauben. Sich anheimgeben, sich gleichsam fallen lassen in den nie zu begreifenden Abgrund Gottes, sich und mit sich die ganze Welt. Da Gott nie zu greifen und zu begreifen ist, so ist der Glaube an Gott wie ein großes Wagnis, wie ein Sprung ins Dunkle. So ist der Glaube das Kühnste und Innerlichste, das Umfassendste und Freieste, was der personalen Freiheit möglich ist.

Religionsphilosophie, 173

Gewiß ist es oft so, daß glaubendes Dasein in uns vor Schwachheit zittert wie ein kleines Licht im Winde, gewiß so, daß dies immer und immer von aller Art menschlicher Armseligkeit gemindert und verbogen ist, gewiß oft so, daß wir fast nur noch um den Glauben zu leiden meinen und um ihn bekümmert sind. Aber doch: es geschieht in alledem das Wunder des Glaubens, und es lebt und atmet also in uns unter der Asche vieler Armseligkeit der Geist des Glaubens mit seinem verborgenen Schein. Es ist gut, wenn wir darauf achten und uns darüber verwundern. Denn was da in uns in aller Schwachheit geschieht, ist wunderbar. Ist da nicht etwas wie eine verborgene Verwandlung über unser sonst so kleinmütiges und kümmerliches Herz gekommen, in solchem Mut des Glaubens, in solch vertrauendem Leben und selbst schon in den verborgenen Antrieben, in den Leiden und Kümmernissen um solches! Ist das nicht auf solche Weise in uns, daß es zugleich auch gar nicht von uns und aus uns ist, ist das nicht wie eine Gabe aus der Höhe, wie ein Geschenk aus dem Geheimnis? Da ist gewiß der Anhauch des Vaters, sein Atem und Geist, dessen Regung wir spüren, und sei es auch nur im allzuoft vergessenen Untergrunde des Herzens.

Wir sollten mit Demut und Dank dieses Wunders innewerden, das sich verborgen in unseren Herzen begibt.

Wir sollten achten lernen auf Atem und Bewegung dieser schönen und ersten Geistesgabe. Der Geist des Glaubens ist leise und unaufdringlich, aber doch vernehmlich dem, der die Sinne seines Herzens ihm entgegen öffnet.

Der Geist des Glaubens ist, so leise er ist, ein Geist der Ermutigung des Herzens, den ganzen Einsatz immer neu zu wagen auf das einfältige Wort des Evangeliums und auf den demütigen Tod Jesu hin. Wir sollten es immer besser lernen, den mit jedem Morgen sich erneuernden Zuspruch zum Mut mit dem Ohr des Herzens zu vernehmen. Geist 22 f.

Der Geist des Glaubens zeigt sich inmitten der Erfahrungen unseres Lebens als ein wunderbarer Geist des Wachstums. Er hält keine Krisis des Geistes oder des Herzens von uns fern, ja, manchmal scheint es, als stürze es uns geradewegs in solche Krisen hinein. Und in der Bedrängnis empfinden wir, daß unser Herz fast den Atem verliert, daß einst liebe Vorstellungen und Gewohnheiten von uns gerissen werden, daß der Baum unseres Glaubens im Sturm oder in der Dürre sich entlaubt. Aber ungeachtet alles dessen und inmitten von all dem ist doch, wenn nur das Herz offen bleibt, immer noch diese leise Klarheit und dieses stille Wort der wortlosen Wahrheit: Glaube! Fürchte nichts und wage alles, nur glaube! Und siehe, wir gehen wieder weiter, Du und ich. Und nach Jahren vielleicht und langen Gängen und Wegen unseres Lebens beginnen wir das Wunderbare zu merken: der Verlust ward Gewinn, die Verarmung machte uns reich, es wuchs die Nüchternheit, und in der Nüchternheit eine neue Klarheit wie ein Frühlicht am Morgen, und in der Klarheit etwas wie der Geist der Wirklichkeit, wie eine erhöhte Wachheit, wie ein Abfall aller Träume und Illusionen.

Geist, 24

Wer im Glauben sich ganz auf Gott verläßt, dem wird alles neu als freie Gabe Gottes und als Geschenk begegnen. Ihm wird also in jedem Geschenk dieser Art, im Unscheinbaren wie im Außerordentlichen, im Hellen ebenso wie im Dunklen seines Lebens der Zuspruch des eigentlichen Wunderbaren begegnen können, nämlich des ewigen Du, das in seinem alles Begreifen übertreffenden Geheimnis für ihn dann leuchtet und winkt aus allem, allem einen Sinn verheißend, der gleichfalls alle Erwartung übertrifft. So wartet in allem, was ihm begegnet, die Erfahrung des Wunderbaren auf den, der an Gott glaubt.

Der Zuspruch des in diesem Sinne Wunderbaren schenkt sich bisweilen als Erfahrung eines wunderbaren Getragen- und Geborgenseins, auch in „Nacht- und Todesschatten". Oder als Gabe des Heiles und der Heilung im sich zusprechenden und alles Hoffen übertreffenden Sinn. Religionsphilosophie, 188

In einem und demselben Menschenleben gibt es Unterschiede gemäß den Altersstufen, Schicksalswendungen und geistigen Gezeiten, die in jedem Menschenleben mit dem Gang der Tage und Nächte und Jahre ein- und ausgehen. Hat nicht ein jeder von uns sein eigenes inneres Schicksal zu bestehen mit seinem Glauben und seiner Liebe? Merken wir nicht, wie jeder von uns seinen eigenen Schritt geht und seinen eigenen Weg geführt wird, und dies um so mehr, je ernster er versucht, sich auf die Jüngerschaft mit dem Herrn einzulassen? Bei manchem von uns ist zuzeiten der Glaube wie eine helle Flamme, bei anderen oder zu anderen Zeiten aber ist er leise und unmerklich, kaum wie die anbrechende Dämmerung am Morgen. Bisweilen ist er auch dunkel wie der Schatten der Nacht. Er erscheint in vielerlei Gestalten, heiteren oder mühseligen, tragenden oder wankenden, freundlichen oder solchen, die im Kampf wie verloren scheinen, und doch finden sie sich wieder. Bisweilen ist die Gnade in einem Menschen wie ein Lächeln, das alles versteht, bisweilen erscheint sie wie ein erblindetes Glas oder wie ein vegessenes Ding, verstoßen und abgenützt von Kummer und Ärgernis. Es gibt wirklich so viele Gestalten des geglaubten und gelebten Christentums, als es Brüder und Schwestern und Weggenossen in der näheren oder ferneren Gemeinschaft des Glaubens gibt. Geist, 88

Es ist für den Menschen ein Segen, für den Weg des Glaubens eines Freundes sicher sein zu dürfen, gar eines Freundes, der von der ewigen Macht gesandt ist. Eines Freundes, der den Menschen geleite und stütze und trage in dem ihm immer schwierigen und doch so nötigen Geschäfte des Glaubens, der ihn schütze und trage, auch nach jedem Rückschlag der Angst und des Mißtrauens, nach jedem Sturz in die Schuld. Der Mensch darf froh sein, wenn er, in Jesus Christus einen von Gott gesandten Freund erkennend, im christlichen Sinn gläubig werden darf. Das heißt, wenn er seinen Glauben stützen darf auf Jesus als den Christus, als den Gesandten der ewigen Macht, als den Offenbarer ihrer befreienden und versöhnenden Huld, als den Träger ihrer Zusage, als den Freund, der den Menschen zum Glauben bereitet und im Glauben trägt und befreit. Spielfeld, 118

Maria ist unsere Schwester im Glauben. Sie lehrt uns, daß der Glaube, wenn er einmal seiner ersten Naivität entwachsen ist, seinen Weg zu durchlaufen hat. Und daß auf diesem Weg zuweilen harte und schwierige Dinge zu bestehen sind; Dinge, die dem immer ein wenig zögernden Glauben bisweilen die Sprache verschlagen wollen.

Und gerade wenn solches geschieht – und wem geschähe es nicht bisweilen –, dann tröstet uns Maria, und sie mahnt uns: Fürchtet euch nicht: Harrt aus in der Geduld! Lernt es, bisweilen auch mit ungelösten Fragen zu leben und im stillen Vertrauen das Schwierige in euerem Herzen zu bewahren. Begreift, daß ihr niemals ganz fertig seid mit der Sache des Glaubens; und es muß wohl so sein, daß, wenn ihr euch dies einbildet, dann bisweilen Tage kommen, wo alles sich wieder zu verwirren scheint. Aber bleibt treu!

Wer wie Maria in Geduld ausharrt und die bisweilen von innen und bisweilen von außen kommenden Schwierigkeiten in der Geduld des Vertrauens besteht, für den wird auch die Stunde kommen und heranreifen, in der sich das Dunkle lichtet, vielleicht ganz in der Stille, aber niemals ohne die größere Gemeinschaft der glaubenden und betenden Menschen. Es wird wieder sein, wie es bei Maria war.

Maria, 30 f.

Vater im Himmel,
du wollest uns den Weg des Glaubens führen von unseren armen Anfängen bis zur Freiheit und Größe des Glaubens, wie du ihn meinst.

So bitten wir dich:

Daß du unterwegs auf dem Wege des Glaubens uns deine Zeichen nicht ganz versagen und uns immer wieder helfen und stützen wollest.
Daß du in uns bewahren wollest den Mut und die Geduld des Glaubens.
Befreie unseren Glauben aus aller Enge und Äußerlichkeit zu einem freien lebendigen Leben.
Und wir bitten auch um die Gabe, den Glauben durch die Liebe zu bewähren an jedem unserer Tage.

Ewiger Vater,
bewahre und stärke in der Durchschnittlichkeit unseres Lebens die Kraft des Glaubens und die immer wieder sich erneuernde Hoffnung.

3

Die Kirche ist wie ein Gefäß unseres Glaubens

Hinter der immer zufälligen geschichtlichen Gestalt, hinter dem niemals ganz notwendigen und oft zeitgeschichtlich bestimmten Typ des Denkens und Lebens der konkreten Kirche verbirgt sich das Geheimnis des Herrn, welcher so sehr Mensch geworden ist, daß er lebt in der Wirklichkeit jeder Geschichte.

Freilich ist mit dieser äußeren Erscheinung der Kirche notwendig das Ärgernis verknüpft, welches man an ihr nehmen kann und welches zu geben ihre menschlichen Träger immer in der Gefahr sind. Alles Äußere und Konkrete, alles wirklich geschichtliche Dasein ist von der Armut alles Irdischen befleckt und bedroht, niemals ist es ganz rein. Darum sehen wir immer an der Kirche und an ihren menschlichen Trägern all das, was wir gewohnt sind, *das Menschliche* zu nennen: Schuld, Einseitigkeit, Enge und wie diese Dinge alle heißen mögen.

Die menschliche Armseligkeit in allen ihren Gestalten ertragen zu können ist der Preis, den wir hienieden zahlen müssen, wenn wir unseren Glaubens- und Liebesbund als einen ganz wirklichen und konkreten wollen, wie ihn der Herr gewollt hat. Wir sollen hochgemut genug sein, diesen Preis zu zahlen. Wir sollen klarsichtig genug sein, durch die menschlichen und geschichtlichen Begrenzungen die ewige Botschaft des Heiles hindurchzuspüren. Wir sollen gläubig und demütig genug sein, unter der Niedrigkeit der geschichtlichen Gestalt jene Erniedrigung zu ahnen, welcher der Herr sich unterzogen hat, als er die Knechtsgestalt annahm. Kirche, 30

D*ie Kirche* in dieser ihrer äußeren und konkreten Gestalt *ist wie ein Gefäß unseres Glaubens.* Es ist aus irdischem Stoff gebildet und scheint nicht selten zunächst zu beengen, was es einschließt. Aber das Gefäß hält das Leben des Glaubens und den heiligen Wein des Geistes zusammen und bewahrt so das verborgene Feuer. Der Geist der Kirche aber wird uns diese Demut lehren, nicht nur das Beschwerliche zu tragen, sondern auch unsere eigene Schwäche zu erkennen und darum bereit zu sein, uns helfen zu lassen durch äußere und in ihrer Erscheinung geringe Gestalten des Helfens. Sich helfen zu lassen ist eine Sache, die uns Menschen noch nie sehr großartig vorgekommen ist. Aber es gehört dazu und ist immer wieder der Weg zum Heil. Der Geist der Kirche ist ein Geist großer Demut.

Der Geist wird uns lehren, daß wir, gedemütigt wohl im Raume der Kirche, gerade darin Gemeinschaft haben mit der Demut des Herrn und mit jenem Geist, der ihn gehorsam sein ließ bis zum Tode und geduldig mit allen Armen. Wo aber wären wir mehr in der Mitte des Christlichen als dort, wo wir unser Leben als ein Leben der Gemeinschaft mit dem Herrn verstehen und entfalten! Geist, 82 f.

Es ist der Ruhm und der *Reichtum* der Kirche, daß sie der Acker aus vielerlei Feld ist, in welchem zwar nicht das Reich, aber der *Same* des Reiches geborgen ist inmitten unserer menschlichen Geschichte, geborgen von dem göttlichen Sämann. Die *Anfänge* und die *wirkenden Kräfte* der göttlichen Vollendung, die ruhen, wenn auch noch unvollkommen entfaltet, in ihrem Schoß, und diese hat sie zu behüten. Der Same, der Anfang, das ist der Glaube an Jesus, das ist die geschichtliche Kontinuität mit ihm, das ist das Wort des Herrn, das die Kirche verwaltet, das ist der Geist und die Kraft des Herrn, welche verborgen und doch wirksam in den Sakramenten lebt. Die Kirche dient den verborgenen Gütern des Heiles. Sie behütet in Geduld das keimende Korn, sie bewacht über die Nacht unserer Zeit den Funken des ewigen Feuers, daß alles bereit sei für den Morgen und den ewigen Tag Gottes. Sie nimmt die Last und die Verwirrung der ganzen Geschichte auf sich, um dieser *einen* Aufgabe zu dienen und ihr zu leben.

So soll in aller Demut unserer Pilgerschaft das Licht des Herrn lebend bleiben unter uns. Dies ist der Ruhm in der Armut der pilgernden Kirche.

Kirche, 34

Die Kirche ist eine *Kirche der Pilgerschaft.* Sie ist nicht das Reich Gottes in vollendeter Gestalt, sie ist nicht das Ziel, nur der Weg des Heiles Gottes. Sie ist so, wie sie konkret uns gegenwärtig ist, niemals etwas Absolutes und Endgültiges, niemals das letzte Wort, das Gott spricht, niemals die Erlösung schlechthin.

Darum sollen wir nicht ungeduldig sein der Kirche gegenüber und ihr nicht das Unrecht antun, im Ungestüm unseres Herzens alles, was in ihr erscheint, an absoluten Maßstäben zu messen. Noch ist nicht der Tag der Ernte, noch ist nicht die hundertfältige Frucht gereift. Dies ist die Grenze, dies ist die Armut der Kirche, daß sie noch nicht das vollendete Heil ist. Kirche, 33

Die autoritative Ordnung der Kirche ist nicht das Erste und nicht das Höchste ihres wirklichen Lebens. Nicht das Erste von uns her, denn von uns her ist das Erste der Glaube und das Höchste die Liebe, nicht auch von Gott her, denn von ihm her gesehen ist das Fundament, demgegenüber kein anderes gelegt werden kann, nur eines: Jesus, der Sohn Gottes. Darüber gibt es keinen Zweifel. Die Träger der Autorität der Kirche stehen nicht irgendwie zwischen uns und dem Einen, der uns zum Vater führt, noch weniger sind sie eine Macht, die einfach *neben* der Gottes und Jesu Christi uns einforderte.

Geradesowenig dürfen wir den Gedanken haben, daß die Autoritäten der Kirche und ihre autoritativen Akte dazu da seien, uns das eigene Glauben, die eigene Liebe, das eigene Nachdenken, den eigenen Einsatz einfach abzunehmen mit fertigen Lösungen und uns damit träge und unmündig zu machen. Wo dies geschieht, da hätten wir die Hoheit der Kirche von Grund auf mißverstanden.

Aber gleichwohl müssen wir sehen: Die sichtbare und in der Geschichte stehende Autorität der Kirche gehört *wesentlich* zu ihrem Dasein in der Zeit. Die Kirche der Glaubenden hat in dieser Zeit und Welt nicht nur eine lebendige Seele, sie hat auch einen Leib, und dies nicht nur im sichtbaren Sakrament, sondern auch in der sichtbaren Hoheit jener, die den Auftrag Jesu haben.

Die Autorität der Kirche hat ihren Sinn darin, in Hoheit *Diener* unseres Glaubens und unserer Liebe und damit unserer wirklichen Gemeinschaft zu sein.

Der inneren Wirklichkeit ihres Lebens und der Liebe der Erlösten zu dienen, diese zu behüten und ihr zur Freiheit der Entfaltung zu helfen, dies ist der ganze Sinn der Ämter in der Kirche. Kirche, 27 f.

Im Maße in uns die innere Bereitschaft für die Kirche zu wachsen beginnt, werden wir vielleicht zuerst sehen und erfahren, daß die wirkliche Bereitschaft für die Kirche zugleich und unvermeidlich Bereitschaft sein muß, eine unabsehbare menschliche Last, Beschwernis und Niedrigkeit mit in Kauf zu nehmen. Dies ist der Kaufpreis für das konkrete und wirkliche Leben in der Geschichte. Ohne dieses können wir nicht wirklich mit dabeisein im Zusammenhang des Christentums, der als Zusammenhang nicht zwischen Ideen besteht und der nicht in der Luft befestigt ist, sondern der besteht von Mensch zu Mensch und unter durchaus irdischen und darum oft belastenden und niedrigen Verhältnissen. Jesus ging über die Erde als Mensch, und er sammelte irdische Menschen um sich, wie sie waren. Es ist uns berichtet, daß er öfters seufzte über die Herzenshärte, die Torheit und die Kleingläubigkeit seiner Jünger, also derer, die er am nächsten um sich versammelte. Aber gleichwohl hat er diese erwählt und gesandt.

Geist, 80

In der Gemeinschaft der Glaubenden werden wir inmitten aller menschlichen Armseligkeit den *Trost* erfahren, der darin liegt, daß wir das Werk unseres Glaubens *miteinander* in einer großen menschlichen Brüderschaft und Schwesternschaft zu verrichten haben. Es ist ein Trost und eine Stütze und ein Halt, bei einem solch ungemeinen Unternehmen Brüder und Schwestern an der Hand zu haben, rechts und links, und nicht allein damit zu sein. Wir erfahren das Stärkende der Brüderschaft, die uns verbindet, das Tröstliche der menschlichen Nähe, durch welche wir uns die Hände reichen. Wenngleich der glaubende Bund mit Jesus Christus über jedes Herz ein anderes Schicksal bringt, so sind wir doch verbunden in der Jüngerschaft des Herrn, und die Verbundenheit stärkt uns.

Von daher also, von diesem Innersten und Einfachsten, vom Glauben und von der Gemeinschaft des Glaubens her soll die Kirche *wachsen* und täglich *wirklicher* werden in uns. Kirche, 13 f.

Je wacher wir als Christen sind, je deutlicher wir aus dem Geist des Christentums leben, desto mehr ist es unser Anteil, zu leiden unter allem solchem, wie der Herr darunter gelitten hat. Und desto mehr werden wir Anlaß haben, nicht schnell zufrieden zu sein mit dem konkreten Zustand der Kirche um uns, vielmehr, wo immer es geht, aus dem Geiste und also aus der Liebe heraus das Niedere und Ungute zu überwinden und zu überwachsen. Wir werden aber auch in aller Demut sehen und erkennen müssen, daß wir gleichwohl der Zone der Kleingläubigkeit und der Herzenshärte in dieser Zeit nie ganz entrinnen werden. Wir werden darum solches übernehmen und, wo wir können, bessern, jedoch immer in der Kraft des Geistes des Herrn, und das heißt zugleich in der Kraft der Geduld und der Liebe.

Geist, 80f.

Herr, heiliger Vater,
Du hast uns in deinem lieben Sohn Jesus deine wunderbare befreiende Macht geoffenbart.
Wir bitten dich:

Führe die ganze Kirche auf ihrem schwierigen Wege
zu hellerem Glauben,
zu freierer Hoffnung,
zu großzügigerer Liebe.

Mache die ganze Kirche, die ganze Christenheit immer mehr zu einem Zeichen deiner befreienden und beglückenden Herrschaft

Vertreibe aus deiner Kirche den Geist der Knechtschaft und der Furcht, laß neu werden den Geist der freien, lebendigen Kindschaft

Befreie deine Kirche von falschem Glanz und törichter Macht, und erneuere sie im Wort und im Geiste Jesu, deines Sohnes.

Erhebe, o Herr, Dein Angesicht über uns! Belebe das Erstarrte, vereine das Getrennte,

Erwecke deinen Geist in deiner Gemeinde und in der ganzen Welt!
Erneuere das Antlitz der Erde und laß frohlocken dein Volk in deiner Gabe!

4

Liebe in der täglichen Wirklichkeit unseres Lebens

Jeder sollte ein liebender Mensch sein, gewiß. Aber wie macht man das? Bloß einfaches Wollen genügt nicht. Die Liebe ist nie ein bloß vom Willen Erstelltes und Gemachtes. Es geht gewiß nicht, ohne zu wollen. Aber da muß noch etwas dazukommen, ein Glück, eine Gabe, eine Schwingung der Zeit und der Luft, damit Liebe wirklich Liebe werde. Ihr Innerstes und Höchstes ist ein Geschenk, das, wenn es sich gewährt, uns freilich in Pflicht nimmt, und manchmal bis zum Äußersten. Darum kann man die Liebe ja auch nicht durch Befehl und Kommando herbeiführen, wiewohl sie einen Pflichtcharakter hat.

Liebe, 49 f.

Christliche Liebe kann gerade in der Entschiedenheit des Glaubens und in den Konsequenzen seiner Praxis eigentlich nur leben als freies Geschenk, als Bereitschaft des Geistes, als immer neues freies Sich-Entscheiden für die Gabe Gottes, als Phantasie der Selbstlosigkeit, als Fröhlichkeit des Freude-Machens, als Mut, sich zu verschwenden oder wie wir dies immer beschreiben wollen. Jedenfalls nicht so, daß sie auf sich selber schielte.

Liebe, 79 f.

An uns Menschen liegt es, daß wir uns auf das Angebot der Liebe Gottes im *Glauben* einlassen. Und dann: daß wir glaubend dem Angebot der Liebe Gottes in Jesus Antwort geben durch ein liebendes Leben, trotz und gegen das Nichtlieben-Mögen, trotz und gegen die verbreitete Nicht-Liebenswürdigkeit unserer Welt und Gesellschaft. Indem wir der Liebe Gottes durch ein glaubendes und liebendes Leben Antwort geben, öffnen wir uns dieser Liebe selber und ihrem immer von oben kommenden Geschenk. Wir tun nicht so sehr etwas von uns aus, wir geben vielmehr ihr, der Liebe Gottes, Raum, sich in unserem Leben zu entfalten. Liebe, 76

Der Geist der Liebe will und soll wachsen in uns. Wir müssen uns hüten, uns gewaltsam und künstlich zu ihm hinaufzusteigern, ebenso wie wir uns hüten müssen, für seinen bewegenden Anruf zu träge zu sein. Er soll wachsen und steigen, wie die Flut langsam wächst und steigt und wie der langsam wachsende Baum Ring um Ring ansetzt, Leben um Leben. Oft wird für eine lange Zeit die Liebe ihre Armut ertragen müssen. Und das gute Ertragen der Armut wird dann ein erster Ring des Wachstums sein, der wohl gebildet und angesetzt sein will. Alles Wachsende ist zuzeiten gering und dauert bisweilen lange, und doch ist es immer viel besser und lebenskräftiger als aller künstliche Überschwang. Dieser mag schneller zur Stelle sein; aber wie rasch und leicht zerfällt seine Künstlichkeit nicht in bloße Einbildung und Heuchelei. Das langsam Gewachsene aber kann in seiner Stunde, in der alles bloße Gemächte versagt, auf wunderbare Weise schnell, stark und behend sein.

In Sachen der Liebe hilft die Gewaltsamkeit des Wollens wenig und verdirbt oft viel. Alles kommt darauf an, daß wir ihres Geistes gewärtig sein können und daß wir uns einzuschwingen wagen, wenn die Stunde des Schwunges gereift ist. Geist, 61 f.

Zum Stil der Liebe gehört Weite und Größe, Offenheit und Bereitschaft zu allen Menschen und zu allem Menschlichen an ihnen. Offenheit und Bereitschaft also auch für ihre Not und für ihre Geringheit, für ihre Befremdlichkeit und für ihre Schuld. Der Geist der Enge und der bloß sich selbst bewahrenden Gerechtigkeit, der Geist des Verurteilens und Grenzenziehens ist ein anderer als der Geist der Liebe des Neuen Bundes, weil er ein anderer ist als jene Bewegung, mit der der Hirte in die Wüste ging. Wer von jenem Geiste bewegt ist, der wird bereit und offen, er wird Kamerad sein können auch im Hinblick auf das Fremde, das Schiefe, das Verwirrte, das böse Menschentum, das sich ihm nähert. Er wird allem Verständnis und ein demütiges und verwandelndes Erbarmen entgegenbringen können als lebendiges Echo dessen, was jeder wahrhaft von Gottes Gnade Gerührte zuerst im eigenen Herzen erfuhr. Denn zuerst begegnete uns in uns selber das Werk des Erbarmens Gottes. Geist, 58 f.

Die Liebe, unter den realen Bedingungen dieser Zeit und Welt lebend, ist immer vielfältig bedroht und auch vielfältig gemindert. Sie bleibt immer neu unter ihrem Maß zurück. Sie wird bisweilen von der Gunst der Stunde gewährt und öfters von der Härte der Zeit entzogen. Die Härte der Zeit ist dabei im Bunde mit den inwendigen Nöten der Liebe, mit den verdrängten Ängsten vor sich selber und um sich selber und mit den auch meist verdrängten Ängsten vor dem Partner und um ihn und mit allem, was dazu gehört. Und wo so wie in unserer Zeit die äußeren und die inneren Schwierigkeiten sich gegenseitig verstärken, da wird die Lage der Liebe doppelt schwierig. Wir wollen gewiß nicht sagen, sie werde unmöglich. Aber doch: sie werde doppelt schwierig. Und auch dieses: sie wird immer nicht ganz das sein, was sie sein will und sein soll, sie wird immer unter ihrem Ungenügen zu leiden haben, es wird nie für sie Grund geben, selbstgerecht zu sein. Liebe, 55 f.

Die Liebe im Rahmen der Gehaltenheit der irdischen Bedingungen muß sich notwendig vermischen mit den unreinen und nie ganz auf die Dauer zu klärenden Kräftekonstellationen des eigenen liebenden Herzens und der eigenen Welt, in die jedes Herz ständig verwoben ist. Sie wird es auch immer zu tun haben mit dem, was die Schrift Sünde nennt, mit dem Dunklen und Bösen im menschlichen Herzen und in der menschlichen Gesellschaft. Auch die Liebenden dürfen nicht glauben, ganz jenseits dieser Zone zu sein. Die Vorläufigkeit muß vielmehr immer Stachel und Antrieb sein, immer noch reiner, noch freier, noch selbstloser zu lieben und über alle irdische Begrenzung hinaus auf den immer je größeren Gott der endzeitlichen Offenbarung zu hoffen.

Liebe, 80 f.

Da die Liebe weder darauf verzichten kann, wirklich ganze Liebe sein zu wollen, noch auch es vermag, diese Ganzheit aus eigenen Kräften ganz zu realisieren, so muß sie wohl oder übel über sich hinausblikken und sich mit höheren Mächten verbünden, um einigermaßen aufrecht bleiben zu können und den Anspruch der Ganzheit der Liebe nicht ganz preisgeben zu müssen.

Sie muß aus dieser ihrer eigenen Konsequenz heraus sich mit den Mächten des *Glaubens* und der *Hoffnung* verbinden ...

Wer liebt und lieben will unter endlichen Bedingungen, der muß glauben, daß seine Liebe Sinn hat, über alle Gefährdungen und Infragestellungen und Minderungen hinaus, denen er seine Liebe preisgegeben sieht. Über alle Dialektik des Endlichen hinaus, aus der er aus eigener Kraft nicht hinauskommt. Er muß glauben, daß der Sinn seiner Liebe und die Ganzheit seiner Liebe irgendwo aufgehoben und gespart sind für ihn an einem Ort jenseits aller Endlichkeit. Je stärker ein Liebender zu lieben versucht, desto stärker wird aus der Liebe ein Glaube erwachsen können, ein vernünftiger und einsichtiger Glaube daran, daß diese Liebe Sinn hat, daß sie über alle nicht zu leugnenden Sinngefährdungen hinweg getragen wird und bestätigt und behütet. Auch ein Glaube daran, daß ihr vergeben werden kann und wird. Denn gerade dessen wird es auch immer wieder bedürfen. Liebe, 57

Aus dem Glauben, je stärker und klarer er sich aus der Liebe und ihren Bedrohungen entfaltet, wird der Liebe die Möglichkeit der *Treue* zuwachsen, die Möglichkeit des Bleibens in der Liebe über allen Wechsel der Gezeiten und über alles Schwanken des Menschenherzens hinweg.

Wo aus der Liebe der Glaube und aus der glaubenden Liebe die Treue erwuchs, da wird sich auch die Hoffnung hinzugesellen, das heißt der zuversichtliche Blick darauf, daß die Liebe sich immer wieder schenken kann und schenken wird ...

Wenn der Glaube und namentlich die Hoffnung, die zur Liebe gehören, sich selbst gut verstehen und sich nichts vormachen, werden sie für die Liebe etwas glauben und auf etwas hoffen, was jenseits aller irdischen Bedingungen liegt im Geheimnis, von dem man nie sagen kann, es ist da oder dort, es ist dies oder das.

Die Liebe wird auf ihrem schwierigen Weg ihrem Glauben und ihrer Hoffnung dies lehren aus ihrer beschwerlichen Erfahrung heraus: daß die Vollendung, das heißt die ganze Liebe nicht Gemächte, nicht bloß menschlich Erzwungenes sein kann. Daß sie sich schenken muß als freie Gabe aus dem Geheimnis oberhalb alles Irdischen. Liebe, 59 f.

Wir sollen, wenn wir von Liebe sprechen, nicht bloß an das Außerordentliche und Überschwängliche denken. Gewiß kann solches uns einmal geschenkt werden, und dann sollen wir dafür offen sein und bereit, uns von der Gnade hinwegtragen zu lassen über die engen Grenzen unserer Alltäglichkeit.

Immer einmal wieder ist solches in der Geschichte der Christenheit geschehen, und immer wenn es geschah, leuchtete es, aus der reinen Fülle des Herzens aufsteigend, schön und weithin sichtbar. Aber wir werden auch bemerken, daß solches nicht einfach der alltägliche Inhalt unseres Lebens sein kann. Das Außerordentliche bleibt in seiner eigenen Ordnung. Wir sollen auf es blicken, aber darüber nicht vergessen, an jene Form der Liebe zu denken, die uns nahe ist und die der täglichen Wirklichkeit unseres Lebens sich einzufügen oder aus ihr zu erblühen vermag. An das Nahe und Einfache sollen wir denken, in dem sich unser Herz ohne künstlichen Zwang und äußeren Druck entfalten kann ...

Das erste wird sein, daß wir in unserer Brüderschaft des Glaubens untereinander und füreinander offen werden, wach und sehend von ganzem Herzen, daß wir die Freiheit und Größe des Herzens haben, jeden unserer Brüder und Schwestern nehmen zu können, wie er ist.

Dieser Freiheit des liebenden Herzens wird sich die Behutsamkeit zugesellen müssen, wenn die Liebe eine gute und wahre bleiben soll. Die Behutsamkeit und der Takt der Liebe achtet auf den anderen, damit er nicht befremdet werde vom Ungestüm unseres eigenen Herzens. Sie achtet aber auch und bewacht das eigene Herz, damit es sich nicht künstlich aufblähe und zu etwas mache, was es in Wirklichkeit nicht ist.

Aber zu dieser Behutsamkeit muß sich als ein

Weiteres der Mut gesellen, welcher von der Liebe unablösbar ist, der Mut, aus der oft so ängstlichen Enge und Behütetheit unser selbst und unseres Lebenskreises auch herausgehen zu können, aufbrechen zu können in die Freiheit des Miteinander-Lebens, Miteinander-Fühlens, Miteinander-Tragens; der Mut, wirklich zu unseren Mitmenschen hinzugehen, dort, wo es die Stunde verlangt und das stille Gesetz der Liebe es fordert. Kirche, 22f.

Wir sollen auf das verborgene, vielleicht kaum sichtbare, vielleicht so schwache Glühen der Liebe in unserem Herzen aufmerksam sein, denn all *diesem* ist Ewigkeit verheißen, wenn alles *andere* abgetan wird. Wir sollen den Funken hüten, und wir sollen, wo immer wir können, ihm Luft und Raum geben in unserem Leben und in unserem täglichen Miteinander, immer wieder neu. Wir sollen ihn, auch wenn er unter der Asche ist, am Leben halten, und die lebendige Glut soll nie ganz ausgehen in unserer Gemeinschaft.

Einmal wird sie durch die Gnade des Herrn zur Flamme ewigen Lebens erweckt. Kirche, 25

Wo sich die Kraft der Liebe nicht in der wirklichen Nähe von Mensch zu Mensch entfaltet und bewährt, da bleibt die Rede von der Liebe zu den fernen Menschen und den fernen Armen ungeachtet all ihres Pathos eine Abstraktion, und die gemäß solcher Rede zu Liebenden bleiben bloß *vorgestellte* Nächste, ihre konkrete Nähe bleibt gerade aus, und solche bloß vorgestellte Nähe ohne wirkliche Nähe kann nicht unter die Haut gehen. Ganz zu schweigen davon, daß die Vorstellung, die wir uns von den fernen leidenden Menschen machen, häufig ideologisch vereinfacht ist. Erst wo die wirklich nächsten Menschen in ihrer konkreten Kompliziertheit erfahren werden, welche sich jedem Schema entzieht, und erst wo diese Erfahrung von den Kräften der Liebe aufgenommen und durchdrungen wird, erst da wird die Liebe konkret genug, erst da kommt sie auf den Boden der wirklichen Menschlichkeit des Menschen. Hier kann sie die entscheidenden Anfangs-Erfahrungen machen, die sie in ihrem ganzen Lauf und auf all ihren ferneren Wegen nicht vergessen sollte. Hier ist die Schule, in der allein Liebe gelernt werden kann, ihre Schwierigkeiten und ihr mögliches Glück. Liebe, 97

Wenn die Liebe, glaubend und hoffend, mit ihren Augen des Herzens dem erlösenden Boten aus dem ewigen Geheimnis entgegenblickt und ihn erkennt, dann kann sie, irdisch und gebrechlich wie sie ist, ihm, dem Boten und Sohn, und durch ihn dem Geheimnis, dem Vater, alles anheimstellen, alles insbesondere von dem, dessen sie sich durch sich selbst nicht versichern kann und was sie doch braucht und will. Alles anheimstellend kann die Liebe sich dann alles Neue schenken lassen, zuletzt und zuhöchst jene Liebe, von der es heißt, daß sie „alles glaubt, alles hofft, alles duldet, daß sie niemals aufhört". Liebe, 63

Herr, allmächtiger Gott!
Du hast uns durch Jesus die alte Weisung der Liebe neu gegeben.
So bitten wir dich:

Gib uns allen etwas von deiner großen, hilfreichen und selbstlosen Kraft zu lieben!
Hilf uns, jeden Tag zu erkennen und zu tun: das Tragen der Last der anderen, die aufbauende Geduld, die verändernde Liebe!
Stehe uns vor allem dann bei, Herr, wenn die Sache mit der Liebe auf Schwierigkeiten stößt. Gib uns dann die Geduld und die rechten Worte, daß es doch wieder weiter geht!

O Herr, von dir kommt jede gute Gabe. Gib uns immer neu die Gabe deines Geistes, und erhalte in uns immer neu die Gabe der Liebe. Darum bitten wir durch Jesus Christus, unseren Herrn. Amen.

5

Du hast mich mir geschenkt,
und du schenkst mir,
daß ich mich dir schenke

Gott schenkt zuerst dem Beter das Gebet samt der Sprache des Gebetes, nur deswegen kann der Beter dann seinerseits seine Andacht Gott schenken samt den Worten seiner Andacht. Darum gehört es zum Wesen des Gebetes, daß es immer auch Dank ist. Denn es empfängt sich selbst als freies Geschenk. Und darum liegt es in der Logik der Sprache des Gebetes, daß auch die Anbetung und die Bitte schließlich in Dank übergehen. Religionsphilosophie, 206

Erhebe ich mich schweigend zu dir, dem selber schweigenden ewigen Du, so werde ich dessen inne werden, daß die Bewegung zwar fürs nächste von mir ausgeht. Aber ich werde erfahren, daß sie früher und ursprünglicher schon von dem Geheimnis selber ausging, dem ich zugewandt bin. Ich denke in der Andacht an das, was zuvor mich gedacht hat, einschließlich meiner andächtigen Wendung. Würde das Gebet des Schweigens sprechen, was es nicht tut, dann könnte es sagen: Du hast mich mir geschenkt, und du schenkst mir jetzt, im Augenblick des Gebetes, dieses, daß ich mich dir schenke.

Religionsphilosophie, 187

Werden wir bereit sein, uns beschenken zu lassen und uns herausfordern zu lassen von Gott? Werden wir heraustreten können aus der hektischen Betriebsamkeit unserer Tage und aus der dazugehörigen törichten Eitelkeit, alles selber machen zu wollen? Werden wir dem fast allgegenwärtigen Leistungsdruck unserer Zeit einmal entrinnen, der uns ja bis in unsere Freizeit und in unsere Sonntage hinein verfolgt?

Sollten wir nicht bisweilen ein paar Minuten ganz still sein, ganz ruhig, ganz gesammelt, ganz bereit für die leise Stimme Gottes? Sollten wir es nicht wenigstens versuchen? Maria, 13 f.

Wenn ich reine Stille bin, bin ich auch reine Offenheit, reine Weite. Als reine Weite bin ich auch reine Empfänglichkeit.

Von dem ganz still Gewordenen kann man sagen, er läßt alles sein, wie es ist und was es ist. Dadurch kann er mit allem auf eine neue und ganz verwandelte Art verbunden sein. Alles darf für ihn und vor ihm sich frei entfalten, ohne daß er ihm noch dreinreden wollte. Die Weite der Welt ist in ihrer eigenen Ursprünglichkeit freigegeben.

Wo ich solchermaßen still und offen bin und alles sein lasse, berühre ich auch alles und gönne ich alles allem. Ich bin mit meiner Stille und freien Weite eins mit der stillen und freien Weite der Welt.

Meister Eckhart, 37

Im Psalm 61,9 wird der Rat gegeben: „Schüttet euer Herz aus vor Gott." Das Ausschütten ist kein Auswählen und noch weniger ein Verdecken. Es öffnet schrankenlos alles, was im Innersten ist, und so, wie es darin ist, in den Abgrund Gottes hinein. Darum soll in der Sprache des Gebetes alles zur Sprache kommen, was im Menschen an Freude und Dank ist, aber auch an Not und Enttäuschung, an Klage und Streit, an Sorge und Schuld, an Angst und Hoffnung.

Das Totale, das Ganze, alles, was ich bin und was in mir ist, soll sich in der Sprache des Gebetes eröffnen auf Gott hin ...

Zu diesem Ganzen gehört die innere Welt der Triebe und Bedürfnisse; es gehört aber auch die äußere Welt, die Welt im engeren Sinne dazu ...

Meine ganze Welt ist aber im Grunde *die* ganze Welt. Auch wenn ich für den täglichen Gebrauch eine Auswahl aus diesem Ganzen machen muß und dies dann als meine persönliche Welt im engeren Sinne betrachte, so interessiert mich doch im Grunde alles und kümmert mich im Grunde alles, und ich weiß mich im innersten Grunde meiner selber solidarisch mit allem und mit allen, mit der ganzen Welt.

Darum muß die Sprache des Gebetes in jedem Sinne welthaltig sein. Meine Fragen und Sorgen um die Welt der Natur und viel mehr noch um die mitmenschliche Welt gehören in das Gebet. Aber auch die Fragen und Sorgen um alle Welt und um alle Nöte der Welt. Alles dies gehört hinein, sei es in der Form des Dankes oder in der Form der Bitte oder in der Form der Klage oder in welcher Form immer.

So ist der Menschen betende Sprache dazu da, alles, d.h. die ganze Welt, vor Gott zur Sprache zu bringen, dort, wo es darum geht, sich selbst zur Sprache zu bringen. Religionsphilosophie, 201 f.

Gute, lebendige, fruchtbare, friedenstiftende Worte werden bisweilen dem für Gottes Ruf bereiten Menschen geschenkt, und sie wachsen und blühen dann fast wie von selbst, und es steckt doch der ganze Mensch, der sie spricht, dahinter. Hilfreiche, freudeweckende, trostspendende Werke gelingen manchmal, und wir wissen nicht wie, wiewohl wir mit ganzem Herzen dabei sind. Die besten Gedanken fallen uns ein; woher? Die besten Worte glücken und gelingen; woher? Und das fruchtbarste Wirken ist das, was einfach wächst und blüht aus der Tiefe des bereiten und begnadeten Herzens.

Könnte nicht Jesus wachsen und erblühen aus dem für Gott ganz bereiten Herzen gleich dem Reis aus der Wurzel Jesse? Könnte nicht Jesu Geist und Gesinnung, Jesu hilfreiche Liebe neu Fleisch und Blut annehmen aus unserem ganz für Gott bereiten Herzen? Maria, 16f.

Vater im Himmel,
du hast in deinem lieben Sohn wunderbar geoffenbart deine erweckende und erneuernde Kraft. Siehe, wir bitten dich;

Gib, daß wir die Stunde immer wahrnehmen,
in der du uns rufst,

Gib uns allen Bereitschaft,
in der Stille und im Ernst
auf dich und dein Wort zu hören.

Sende uns neu deinen Geist,
daß er einen jeden von uns aus aller Trägheit und Erstarrung löse,
daß er uns erneuere und bewege und das Gebet beleben möge.

Himmlischer Vater, höre den Ruf unseres Gebetes, zeige uns dein Antlitz, erfülle uns mit deinem Geist! Amen.

6

Uns nicht aus der Wirklichkeit unseres Lebens und Herzens herausstehlen

W*ir dürfen,* zu der eucharistischen Feier uns versammelnd, *uns nicht aus der Wirklichkeit unseres Lebens und Herzens hinwegstehlen.* Wir müssen unser Herz mitbringen, so wie es ist, mit seiner verborgenen Not und Schwachheit und Schwermut, mit seiner Zerstreuung und Verwirrung, oder was nun alles darin sein mag. Wir sollen nichts übertünchen, nicht vor uns und nicht vor Gott. Keinerlei künstliche Aufmachung und Feierlichkeit gilt hier, nur die einfache und ungeschminkte Wirklichkeit des Herzens. Sie sollen wir mitbringen und Gott darbieten. Und gerade auch dann, wenn wir selber schwer damit fertig werden und wenn es uns beschämt. Kirche, 15 f.

Die Sünde steht in unser aller Leben darin, leider. Manchmal ist sie wie eine böse, aber faszinierende Macht, die uns nicht losläßt und unter deren bezaubernder Erniedrigung wir leiden. Manchmal erscheint sie uns auch wie eine lästige Schranke. Wir stoßen uns an dem Verbot, es irritiert uns und macht unsere Schritte unsicher. Und nun sehen wir, daß die Botschaft und das Werk Jesu gerade auch in diesem Bereich seine befreiende und lockernde Wirkung verbreitet. Jesus lehrt seine Jünger, nicht ängstlich, sondern einfach und zuversichtlich ihren Weg zu gehen, wie Kinder und Söhne des Hauses, die es, weil sie Söhne des Hauses sind, nicht nötig haben, immer nur darauf zu achten, daß sie etwa nicht anstoßen. Jesus lehrt uns in der Bergpredigt auch das einfache Wort beten: Vergib uns unsere Schuld, wie auch wir vergeben unseren Schuldigern. Es ist in seiner Einfachheit ein wunderbares Zeichen und eine ständig erneuernde Erinnerung an jene Freiheit, die Gott den Schuldigen, aber in Zerknirschung und Einfalt Glaubenden durch Jesus bereitet hat. Sie sollen keine Furcht kennen, sondern in der Einfalt des Glaubens, des Vertrauens und des Gebetes frei dahergehen dürfen um der großen Barmherzigkeit Gottes willen.

Geist, 67 f.

Der Geist meint jeden für sich: jedes Haupt, jeden Tag, jede Nacht. Immer wieder anders ist sein Geschenk, aber alles ist Geschenk. Hüten wir uns davor, zu meinen, nur die Begeisterung sei eine Gabe des Geistes und nicht auch die Not, nur die offenbare Berufung und nicht auch die lange Verlegenheit, nur die drängende Kraft und nicht auch die Erlahmung der Schwäche. Wir sind immer und überall geführt, und alle Wege sind Wege des Geistes, die dunkeln ebensogut wie die hellen, die steilen und langen ebensogut wie die schnellen und geraden. Überall ist die Gabe in ihrer unbegreiflichen Vielfalt.

Weil es so ist, darum haben wir keinen Anlaß, uns minderwertig vorzukommen, weil wir anders sind als andere und vieles uns nicht gelingt, was anderen leicht geht. Und noch weniger Anlaß haben wir, hochmütig und eingebildet zu sein, da wir doch alle demselben Herrn dienen und jeder seine Gabe empfing aus Händen, die nicht die seinen sind. Wohl sollen wir uns gegenseitig erbauen und stärken, aber stets mit großer Behutsamkeit und in wacher Ehrfurcht vor dem einem jeden gewiesenen Weg und der einem jeden eigens gegebenen Gabe.

Ein jeder von uns aber soll seinen eigenen Teil am Geiste demütig und mutig ergreifen; ein jeder soll seinen Ruf hören und seinen Weg finden und gehen, der keines anderen Weg ist und der doch in der Gemeinschaft aller Jünger des Herrn gegangen sein will.

Wir alle sind leicht geneigt, uns selbst auszuweichen und davonzulaufen. Aber damit laufen wir auch dem Ruf der Gnade und dem Geschenk des Lebens davon, das uns und nur uns so meint. Der Geist mahnt und ermuntert einen jeden von uns, er soll doch den Mut haben, er selbst zu sein, sei er nun groß oder klein, klug oder töricht, reich oder arm, gesund oder krank, habe er sich heimlich im Verdacht dieses oder jenes Schadens an Leib oder Seele. Der Geist weist uns, das uns gesendete Schicksal anzunehmen, wie es ist, in glaubendem Vertrauen.

Geist, 91 f.

Der Geist der Wahrheit wird uns wach und mißtrauisch sein lassen gegen uns selbst und gegen den Zauber der Illusionen, in die wir uns so leicht stürzen, damit wir es mit uns selbst besser aushalten. Er wird uns Mut machen, das Netz der Einbildungen zu zerreißen, in das wir uns fast unbemerkt immer wieder verstricken. Er wird uns Mut machen, zu sein, was wir wirklich sind. Und wir werden vielleicht verstehen, daß dazu ein nicht geringer Mut gehört, der Mut nämlich, klein und arm zu sein, irgendwo ein wenig krank und irgendwo mehr als nur ein wenig schuldig. Der Geist lockt uns hervor zu dem reinen Mut, das Herz preiszugeben an Gott so, wie es ist, und nicht so, wie wir es gern haben möchten und wie wir es vielleicht aufgemacht haben, uns selbst betrügend. Der Geist lockt uns zu diesem reinen Mut der Wahrheit vor Gott, und er erlaubt uns diese Preisgabe des armen Herzens, also das, was wir uns selbst gerade nie erlauben mögen. Er erlaubt es uns, weil ja doch gerade dies der Sinn des Geistes des Evangeliums Jesu ist: daß das verborgene Unheil, die verborgene Niedrigkeit und Schlechtigkeit des menschlichen Herzens, wie immer sie auch aussehen möge, vor Gott gebracht werden dürfe und solle, um im wunderbaren, unbestechlichen Gerichte seines Heiles, vergebend, verwandelt zu werden ins Licht. Geist, 39

O heilige, o lebendige, o nie zu begreifende Majestät dessen, der geheimnisvoll aus allem Schicksal sich erhebt! Wie müssen wir in einer solchen Begegnung mit Gott klein werden, wie schwinden da alle unsere Ansprüche, unsere vermeintlichen Rechte und unsere kurzsichtigen Wünsche: vor dem heiligen Antlitz des Herrn! Wir werden unserer Kleinheit bewußt. Und mehr als unserer Kleinheit: unserer Schuld. Wir wollen und sollen diese Dinge unverwischt ins Auge fassen, so wie sie sind. Wir sind *schuldig* vor dem lebendigen Gott. Buße, 5

Die eigentliche und innerste Wirklichkeit der Schuld, die wägt Gott allein. Er allein hält das wirkliche und lebendige Herz des Menschen in seiner Hand. Wo es um diese innerste Wirklichkeit der Schuld geht, da dürfen wir darum nicht nach links und nicht nach rechts schauen, da müssen alle Stimmen der Menschen um uns herum schweigen, und auch wir selber dürfen dieses Schweigen nicht brechen, um, von uns wegblickend, von der Schuld anderer zu reden. Da sind wir allein mit Gott. Still und zitternd und allein stehen wir vor seinem heiligen und unermeßlichen Angesicht.

Da sind die Sünden, deren wir gewöhnlich gedenken, die sichtbar und greifbar und benennbar aus dem Fluß unserer Tage und unseres Lebens hervortreten und die wir in der Beichte benennen und bekennen. Wir sollen sie ganz ernst nehmen und ihrer bewußt sein. Aber wir sollen uns nicht der Täuschung hingeben, daß mit ihnen der eigentliche sittliche Zustand unseres Herzens erfaßt sei. Da haust vielmehr in der Tiefe entscheidendere und umfassendere, wenngleich verborgene Schuld. Vielleicht kaum oder nie in einzelnen konkreten Werken sichtbar an die Oberfläche des sittlichen Geschehens dringend, aber von der Tiefe, von den inneren Schichten unseres Wesens her ganz weite Strecken unseres Lebens mit giftigem Safte durchtränkend und versehrend; Schuld, die mehr in allgemeinen Haltungen als in einzelnen Taten besteht. Ich meine Haltungen, die das Ganze unseres Lebens wie mit einer Atmosphäre umgeben und sozusagen allgegenwärtig sind in allem unserem Tun und Lassen, selbst dem besten und frömmsten. Sünden, deren wir uns auch gar nicht einfach wie auf Kommando entledigen können, wiewohl sie sehr unter unsere Verantwortung fallen, verborgene und allgemeine Dinge, Trägheit und Feigheit, Falschheit und Eitelkeit, von denen selbst unser Gebet nie ganz frei zu sein pflegt und von denen unser ganzes Dasein tief belastet und versehrt ist. Buße, 6f.

Hat sich aber unser Herz erst einmal zum Vater gewandt, „im Geiste der Demut und mit zerknirschtem Herzen", dann erfüllt sich alle Not, alle Sorge und aller Schmerz, der uns auferlegt und aufgetragen wird, mit Sinn und wird erhellt. Und diese dunklen Dinge verlieren auf einmal einen großen Teil jener sinnlosen Bitterkeit, unter der wir oft so schmerzlich leiden ...

Der Geist der Sühne und der Buße nimmt von der Bitterkeit und Not des Leidens nichts einfach hinweg, er erfüllt aber all dieses mit Licht und Sinn, und er lehrt uns verstehen, daß in aller Not und Sorge, die wir im Geist der Demut und mit zerknirschtem Herzen tragen, daß in all dem die Reinheit und die rechten Dinge von der Tiefe her heranwachsen ...

Dies aber zu wissen ist ein großer Trost und eine große Hoffnung. Verhärtung und Verbitterung und Verwirrung lösen sich im Geiste der Buße in ein zwar herbes, aber reines und beständiges Licht, und mitten in der Bitterkeit des Schmerzes spüren wir die Liebe pochend leben, die Liebe zu dem heiligen, unbeirrbar ausschreitenden, unbegreiflichen und doch unergründlich guten Vater. Dieser liebende Geist und Atem der wahren christlichen Buße aber verbreitet unermeßliche Bereitschaft in uns, große, demütige Geduld, stille Zuversicht und lange vorhaltende Kraft; ja er verbreitet inmitten allen Kampfes einen Anfang jenes Friedens, der nicht von dieser Welt ist und ohne den der Friede dieser Welt doch nicht bestehen zu können scheint.

Im Innersten dieser Hinwendung zu Gott lebt ein tiefes *Vertrauen* zu dem Vater, der auch über unsere armen und schuldigen Herzen Licht und Wahrheit und Liebe bringen wird. Im innersten Kern der Bußbereitschaft lebt die *Liebe* zum Vater, die Liebe, die aller Gebrechlichkeit und Schuld unseres Herzens zum Trotz doch nie ganz zum Verlöschen zu bringen war.

Buße, 10

Die erfahrene Armut und ihre Beschämung wird uns vom Grunde unseres Herzens her wach machen, hörend, bittend und bereit für den heiligen Anhauch, von dem keiner weiß, von wann er kommt und wohin er geht. Vielleicht wird nur der wirklich Gedemütigte den immer wieder unbegreiflichen Wagemut erlernen können, vom Anfang und von der untersten Wurzel an sich dem Wehen der Liebe, des Vertrauens, des Geistes anheimzugeben und den himmlischen Saft steigen zu lassen in seinem kargen und dunklen Geäst.

Und auch der Armut am Geiste, auch der Leere des Herzens, auch dem Mangel an vernehmlichen Antrieben ist ein guter Engel beigesellt, wenn wir nur redlich und geduldig sind. Sollten wir, in solcher Armut lebend, es nicht vermögen und dürfen, in Einfalt vor Gott zu sein, was wir sind, und zu leben, wie die scheinbar so kärgliche Geistesfülle es uns erlaubt? Die Armut an Frucht und Fülle, in Geduld getragen und in langhin währender Treue, über Jahre und Lebenszeiten hinweg, die ohne Frucht zu sein scheinen, dies ist keine kleine, und es ist eine segensreiche Sache. Wir müssen auch in dieser Zeit wahr leben. Und wir werden sehen: die Geduld in der kargen Zeit, die Beständigkeit an den Tagen, an denen Glaube, Gebet und Liebe ihre spürbare Kraft versagen, die Demut der wenigen Worte, die die Armut zu sagen wagt, die Einfalt der unbedeutenden Werke, die eben noch gelingen, alles dies ist viel gewachsener, viel echter und wahrer als alle bloße Aufmachung, mit der wir, begreiflich genug, bisweilen Gott und uns selbst und unsere Freunde zu belügen trachten.

In der Geduld, der Redlichkeit, der Bereitschaft, dem Hunger und Durst nach Gerechtigkeit reift der Tag und die Stunde, in der *wir* vielleicht denken, es sei gar nichts getan. Aber siehe, es ist *alles* getan.

Geist, 102

Wie soll der Mensch, vor Gott stehend, mit dem Leid und mit der Sünde fertig werden? Darüber fand der Meister Eckhart besonderen Anlaß, im Buch der göttlichen Tröstung zu sprechen, denn da ging es ja wirklich um die Tröstung des Leides und auch um die Sache mit der Sünde.

Vom Leiden lesen wir eine Stelle, die den Grundgedanken des Meisters sehr konzentriert angibt. „Daß Gott mit uns ist im Leiden, das bedeutet: Er leidet selber mit uns."

Man sieht an dieser Stelle gleich, daß das Leiden durch den Gedanken an Gott nicht aus der Welt geschafft wird. Aber der Gedanke hilft auf andere Weise, nämlich dadurch, daß Gott selbst mit dem Leidenden ist und daß er mit ihm mitleidet. Das ist der entscheidende Trost, den der Meister gibt ...

Er sagt weiter, daß Gott das Negative ins Positive wenden wird, daß er also im Mit-Leiden für den Leidenden den größeren Trost erweckt und ihm in der Führung seines Lebens durch das Leiden sein Gutes als das gesteigerte Gute heraufführen wird, als Zuwachs an Kraft, an Lauterkeit, und damit sogar auch an Glück. Denn das Glück aus dem Unglück, die Positivität, die aus der Negativität sich erhebt, ist höheres Glück und höhere Positivität als das einfache Glück. Und es gehört für den Meister Eckhart zur Größe Gottes, in seiner lebendigen Gegenwart im Leiden dieses aufzuheben in die je größere und leuchtendere Positivität. So ist Gott im Leiden erfahren als der Mit-Leidende, der Tröstende, und der gerade dadurch das je höhere Gut Bereitende.

Meister Eckhart, 226f.

Der Schmerz ist eine große, vielfältige und vielfarbige elementare Macht. Sie begleitet die Menschen wie ein merkwürdiger Schatten, der nicht von ihnen weicht und der sie erniedrigt und demütigt und bisweilen auch auf geheimnisvolle Weise erhöht und vertieft.

Der Schmerz hat in der Regel auch Fragen bei sich. Warum muß ich leiden, so fragt der schmerzgeplagte Mensch. Diese Fragen sind oft wie Anklagen. An wen richten sie sich? In den biblischen Büchern, besonders des Alten Testamentes, wird oft diese Frage „warum" erhoben, und sie richtet sich dann regelmäßig an Gott. Indessen haben die Fragen der schmerzbeladenen Menschen zunächst keine Antwort. Dies eben macht sie so schmerzlich. Auch die Fragen Hiobs in der Bibel werden nicht eigentlich beantwortet, sie werden eher zum Schweigen gebracht. Es kann ein langer und mühsamer Prozeß sein, dieses Schweigen zu lernen. Das Schweigen kann eine Zeitlang voller Trotz sein. Das muß man verstehen. Aber zuletzt sollte es voll sein von Geduld und Bereitschaft. Könnte es nicht gar voll werden von Anbetung, wie es am Ende des Buches Hiob geschildert ist? Es können dem guten Schweigen auch die Gabe der Tränen geschenkt werden, in denen sich der ohnmächtige Kampf des Leidens löst und die Anklagen verstummen. Die Fragen haben dann immer noch keine Antwort bekommen, aber sie lösen sich doch auf geheimnisvolle Weise. Maria, 36 f.

Es gibt nicht nur ein menschliches Mitleid, es gibt auch ein göttliches Mitleiden. Wenn du dir vielleicht von Menschen und von Gott verlassen vorkommst: Gott ist dir doch nahe in deinem Leiden, und er leidet mit dir, und sein Herz ist voll Tränen, und sein

Mitleiden ist so stark und so zart wie das Mitleiden einer Mutter mit ihrem Sohn. Maria spricht den Trost des menschlichen und mehr noch des göttlichen Mitleidens zu. Darum vor allem ist ihr Bild unentbehrlich für die Herzen der Frauen und für die Herzen aller leidenden Menschen. Darum auch ist etwas wie Verheißung und Hoffnung über denen, die bereit sind, zu leiden mit Maria und mit Jesus. Die Nacht des Leidens muß zwar durchgestanden werden. Aber schon ist im Osten der Himmel gerötet, und der Tag Gottes hebt an und mit ihm der Friede eines neuen Glückes, wie es noch in keines Menschen Herz gedrungen ist. Maria, 38

Dein eigener Schmerz soll dich nicht verhärten, er soll dich öffnen und zu einem liebend mitleidenden Menschen machen. Habe auch du Mitleid. Dieser Zuspruch geht an alle, an die Leidenden und auch an die, die vorderhand glauben dürfen, vom Leiden frei zu sein. Er sagt: Werde weder im Leiden noch im Glück egoistisch! Vergiß nicht das Leiden der Leidenden an deiner Seite! Vergiß nicht den Schmerz der geplagten Menschheit in der weiten Welt. Habe ein mutiges, ein zartfühlendes, ein hilfreich tätiges Mitleiden. Denke an die anderen, die leiden, auch dann und gerade dann, wenn du selber leidest. Suche gerade, wenn du leidest, bisweilen die Wunden der anderen zu heilen, durch gutes Zuhören, durch zartfühlendes Zureden zur rechten Zeit, durch herzliche Gemeinschaft, durch Hilfe. Mache mit, wo es gilt, liebend zu helfen. Suche ein Segen zu sein in der von Schmerz und Leid vielfach überschatteten Welt. Gerade wenn du dazu kommst, dann wirst du zur rechten Zeit erfahren, daß der Segen zu dir zurückkehren wird. Er wird deinen Schmerz nicht wegblasen. Aber du wirst vielleicht verwundert spüren, wie Segen über dem Schmerze ist. Maria, 39

Vater im Himmel,
Aus all unseren Schwierigkeiten und Nöten rufen wir zu dir, unserer einzigen Zuflucht.
Wir bitten dich:

Löse und befreie uns vom Bösen und der offenbaren und verborgenen Schuld in unseren Herzen. Komm unserer Schwachheit zu Hilfe, und bewege unsere Herzen durch deinen Geist.
Sei uns besonders nahe, wenn Leiden der Seele und des Leibes uns bedrücken, und gib uns Mut und womöglich auch ein wenig Freude, alles zu tragen im Blick auf dich.
Sei besonders nahe mit deinem leisen befreienden Wort allen Leidenden und allen auf welche Weise auch immer Bedrückten und Gebundenen.

O Herr, du bist größer als unser Herz. Wende dich aufs neue uns zu, mache gut und lebendig, was böse und tot ist, und führe uns durch das Hin und Her unserer Tage zu deinem verborgenen Fest und Mahl.

7

Im Dunkel des Todes ist das Licht der Ewigkeit verborgen

Der Tod ist die große Grenzsituation, wie sie einst Karl Jaspers eindrucksvoll beschrieben hat als die ausgezeichnete Situation, die den lebendigen Menschen, vorausgesetzt freilich, daß er sich ernstlich von dieser Situation betreffen läßt, vor das Angesicht des ganz anderen, der Transzendenz, vor das Angesicht Gottes führen kann. Der Wink des göttlichen Geheimnisses allein kann es erklären, daß der Tod so ernst und so feierlich stimmt und daß er am Verstorbenen etwas Unvergängliches und etwas Unverletzliches leuchten läßt. Dies allein auch kann es erklären, daß die Rituale, mit denen wir dem geheimnisvollen Wink des Todes zu antworten pflegen, einen religiösen Charakter haben in allen Kulturen und ihn an sich auch noch haben dort, wo er, wie häufig in unserer Gesellschaft, ihnen ausdrücklich abgesprochen wird. Ernstfall, 32

Der Tod ist ein bevorzugter Ort, an dem die Signale der ursprünglichen Welt auftauchen, Rituale der verschiedenen Art. Gerade hier steigt sogar oft das Bedürfnis nach ausdrücklicher Religiosität und nach ausdrücklichen religiösen Riten auf, auch bei Menschen, die sonst in ihrem Leben nicht viel oder gar nichts damit zu tun haben wollen.

Welchen Sinn hat die Feierlichkeit in Worten und Gebärden, wenn nicht den der Ehrfurcht vor einer höheren, ja ungeheuren Macht, die sich gerade im Tode spürbar macht? Welchen Sinn hat das rühmende Erzählen des ganzen Lebens angesichts seines verfallenden Leichnams, wenn nicht den des

Glaubens, daß eine höhere Macht das verblichene Leben vollendet, ganz gemacht und erhöht hat in einem unantastbaren Bereich? Und daß es also gilt, in öffentlichen rituellen Worten und Gebärden mit dem Toten an diesem sich vollendenden höheren Leben teilzunehmen. Welchen Sinn haben der Schmuck und die Blumen, wenn nicht den, einen Menschen schmückend zu feiern, der auch und gerade im Tode lebendig ist und blüht, wenngleich in einer anderen, höheren, geheimnisvollen Ordnung gegenüber der unseren? Würde, 72

Was muß man in den Tod hineingeben? Eben nicht weniger als alles. Alles, was ein Mensch in seinem Leben aufgebaut hat, an Leistungen, an Vermögen, an Beziehungen, an Einfluß, alle Ziele, die er sich gesetzt hat, auf sie hoffend, um sie fürchtend, alle Entscheidungen, die er getroffen hat, samt deren segensreichen oder belastenden Folgen, alle Sorgen und alle Träume, alles, was die große lebendige Welt von uns Menschen ausmacht, alles verschwindet und wird hinweggehen und hineingenommen in das Dunkel des Todes, und es bleibt nichts übrig. Und man kann auch nichts mehr dazutun und nichts mehr davon wegnehmen. So wird es dann gewesen sein, und dies ist nun alles, was gewesen ist mit diesem Menschen. Der Tod sammelt in diesem Sinn alles und das Ganze, um es unwiederbringlich hinwegzunehmen. Dies ist sein Ernst. Ernstfall, 20

Irgend etwas am Ernst des Todes scheint uns zur Hoffnung einzuladen. Und dem entspricht es durchaus, daß in vielen Kulturen sich der Glaube an die geheimnisvolle Überwindung des Todes und die Unsterblichkeit bezeugt hat.

Es ist möglich und manchmal naheliegend, angesichts der Erfahrung des Todes an Gott zu denken und aus diesem Gedanken eine Hoffnung zu entwikkeln, die das Dunkel des Todes zu überwinden vermag. Ernstfall, 39

Jesus hat mit seinem Tod den großen Ernstfall des Todes überhaupt mit aller seiner Härte auf sich genommen, um uns und alle zu stärken für unseren Ernstfall. Und er hat dadurch den Weg entscheidend geöffnet, der über die dunkle Schwelle ins Geheimnis des göttlichen Lebens führt. Damit hat er die Andeutungen, die der Tod, wenn wir ihn ernstlich erfahren, selber gewährt, aufgenommen und in eine entscheidende Klarheit geführt ...

In der Auferstehung Jesu ist demnach aller Tod aller Menschen und besonders aller, die sich an Jesus im Glauben halten, besiegt, und es ist ihm der Stachel genommen. Der Tod führt ins Licht der Ewigkeit, ins Licht des Vaters, ins Geheimnis des unausschöpflichen Lebens. Ernstfall, 46

Es liegt im Sinne der ganzen Verkündigung Jesu, daß er die, die ihm glauben, befreien will aus dem bannenden Schrecken vor Gott in die lebendige Freiheit vertrauter Nähe zu Gott. Und was macht uns in der Tat unfreier als der geheime und manchmal auch offene Schrecken vor dem fernen und dunklen Gott und als der Schrecken vor dem Dunkel des Endes, in welchem wir dem Dunkel Gottes anheimfallen?

Jesus aber lehrt uns: „Wenn ihr betet, dann machet nicht viel Worte wie die Heiden ..., wenn ihr betet, dann sprechet: Vater unser, der du bist im Himmel ..." Es wäre wohl gut, wenn wir die Größe der Befreiung ermessen und spüren lernten, die in solchen einfachen Worten uns zugemutet wird von dem Herrn des Reiches, dem Sohne Gottes. Es soll nur weniger und einfacher Worte bedürfen, Worte der Nähe und der Vertrautheit, und dies angesichts des Äußersten, auf was es für Menschen ankommt und was Menschen lebend und sterbend bestehen müssen! Geist, 65

Im Blick auf Jesus dürfen wir glauben, daß im Dunkel des Todes das Licht der Ewigkeit verborgen auf uns wartet, das Licht Gottes. Dieses Licht ist freilich auch das Gericht. Aber sofern wir unser armes Herz mit Jesus dem Vater schließlich endgültig anvertrauen, brauchen wir das Gericht nicht zu fürchten. Es wird die Gestalt der Versöhnung und der Vergebung annehmen. So wird Himmel sein, das heißt lichte Weite Gottes. Und es wird Heimat sein. Denn wir werden aufgenommen werden dort, wo wir ewig hingehören. Maria, 92

Wenn wir uns ganz in Gottes Hände legen, dann, wenn wir uns zum Tode niederlegen, dann wird mitten aus der dunklen Nacht des Todes Gottes Heil geheimnisvoll und wunderbar über uns aufgehen und uns auffangen.

Dann wird etwas über unser geängstigtes Herz kommen, das, wie die Schrift sagt, jede Träne vertrocknet (vgl. Offb 21,4)... Eine wunderbare tröstende Hand wird dann über uns kommen. Und sie wird leise und zart durchgreifen bis in die verborgenen Gründe und Abgründe und Untergründe des Herzens, bis zu den verborgenen Quellen der geweinten und der ungeweinten Tränen. Und sie wird bereit sein, alles zu heilen und zu lösen in die Stille des großen Lichtes Gottes.

Es wird freilich auch über uns kommen das, was die Schrift Gericht und Gerechtigkeit nennt.

Ernstfall, 48 f.

Aber es wird jene wunderbare Gerechtigkeit über unsere arme Seele kommen, die alles weiß und alles versteht und allem gerecht wird, was es in unserer unaufgeräumten Seele geben mag.

Oder es wird ein Ruf an unser Ohr dringen wie der, den man in der Johannes-Apokalypse lesen kann: „Siehe, ich mache alles neu!" Das alte Elend in der Welt, das alte Elend unseres Herzens und unseres Leibes und unserer Erfolglosigkeiten: Siehe, ich mache alles neu! Du wirst dich wundern.

Leise und wunderbar wird etwas über uns kommen, lautlos wie das Morgenlicht, wenn es sich löst aus den Schatten der Nacht. Dann ist es auf einmal lichter Tag, der Tag Gottes, und man denkt nicht mehr an die Nacht. Steht auf, werde licht, Jerusalem!

Ernstfall, 50f.

Falls wir wirklich dazu kommen, von Herzen zu glauben und zu vertrauen, ohne uns Illusionen zu machen über Leben und Sterben, dann kommt etwas wie ein Licht auch über dieses unser vergängliches Leben, etwas wie eine neue Furchtlosigkeit und Zuversicht. Etwas wie eine neue Bereitschaft, uns zu verschwenden für andere. Etwas wie ein Anfang des neuen Lebens, des neuen Frühlings Gottes.

Und es wird keine Nacht mehr so finster und traurig sein, als daß sich nicht in ihr ein Engel einfinden wird, der zu unserer verängstigten Seele sagt: Fürchte dich nicht! Und wir sollten dieses Engelwort dann an unser Herz nehmen und es immer wieder nachsprechen, besonders wenn es finster und dunkel wird um uns und vielleicht auch in uns: Fürchte dich nicht!

Ernstfall, 53

Himmlischer Vater,
Du hast deinen lieben Sohn Jesus erhöht,
da er sich hingab.
Siehe, wir bitten dich:

Befreie uns und unsere Mitmenschen von aller Angst vor der Zukunft, vor dem Tod, und laß uns offenen Auges dir und allem, was du schickst, entgegengehen.

Gib uns und allen unseren Mitmenschen Stärke im Glauben und eine stille Kraft in der Zuversicht, und dies besonders dann, wenn es ernst wird.

Wir bitten für alle Schwerkranken und Sterbenden: laß dein Licht wunderbar über sie und in ihnen leuchten.

Und laß etwas von Auferstehung, von neuem Leben, von ewigem Leben jetzt schon in allen, die getauft sind, erwachen.

O Herr, du bist die Auferstehung und das Leben. Lebe in uns, wovon wir leben oder sterben. Darum bitten wir durch Jesus, den Christus, unseren Herrn.

Singe, und geh deines Weges

Von der Heiterkeit als der Tugend der älteren Menschen

Von der Heiterkeit als einer Tugend wird selten gesprochen. Und ältere Menschen stellt man sich gewöhnlich ein wenig mürrisch und nicht sehr heiter vor. Aber die Heiterkeit kann doch eine Tugend sein. Ältere Menschen können auf ihre Art sehr heiter sein, und das ist dann sogar eine besondere Tugend.

Junge Menschen sind zuweilen ganz von selber heiter und fröhlich. Das ist eine schöne Gabe der Natur, aber kaum eine besondere Tugend.

Bei älteren Menschen ist das anders. Die naturhafte Fröhlichkeit blüht nicht mehr so leicht. Aber die naturhafte Trauer auch nicht. Die großen Kämpfe, die zur Jugend gehören, sind gekämpft, und die schwierigen Entscheidungen, die auch zu ihr gehören, sind längst getroffen, so oder so. In geistigen Dingen gibt es freilich weiter zu ringen, solange unser Geist wach bleibt. Aber diese geistigen Bemühungen entfalten sich im Ganzen von einer ruhigeren Basis aus.

Es sind viele Erfahrungen gemacht worden, sie haben sich auf eine seltsame Weise angesammelt im Herzen. Darum lassen wir uns nicht mehr so leicht täuschen vom vergänglichen Zauber des jeweils Aktuellen. Wir haben ja schon vieles dergleichen kommen und auch wieder gehen sehen. Wir haben mit der Zeit auch in einige Hintergründe der klar und einfach scheinenden Worte, die herumgereicht werden, blicken gelernt. Wir fallen also nicht mehr so leicht herein. Und so werden unsere Gedanken oft hintergründiger, vielleicht auch komplizierter und oft auch mißtrauischer als früher.

Manche Körner, die einst in den unruhigen Acker des Herzens geworfen wurden, durften aufgehen und wachsen und reifen und glänzen nun in der herbstlichen Sonne. Anderes freilich blieb auch liegen und kam nicht weiter. Aber auch darüber glänzt jetzt die herbstliche Sonne.

Die Welträtsel konnten wir nicht lösen, das wissen wir nun. Aber sie sind als Rätsel und bisweilen sogar als Geheimnisse deutlicher geworden, und wir können nun ruhiger mit ihnen leben, sie stören uns nicht mehr.

Im leiblichen Haushalt haben wir uns da und dort einschränken müssen. Und das Gedächtnis läßt uns manchmal im ungeschicktesten Moment im Stich. Wir wollen das nicht so recht wahr haben, und darum übernehmen wir uns bisweilen ein wenig. Wir sollten es nicht tun.

Viele uns nahestehende Menschen sind nicht mehr auf dieser unruhigen Welt. Wir haben viele Freunde unter den Toten. Es wird gut so sein. Aber wir sind doch dankbar, daß einige übriggeblieben sind.

Aber noch darf der Geist leben und blühen und sich tätig entfalten für eine gemessene Zeit. Noch dürfen wir, was sich an Gedanken und Erfahrungen angesammelt hat, vor anderen Menschen und für andere Menschen ausschenken wie einen erfrischenden Trank. Und wir können ihnen manchmal ein gutes Licht aufstecken. Es wird von anderer Farbe und Temperatur sein als die Feuer, die wir als junge Menschen abbrannten.

Und da kommt dann manchmal eine seltsame Leichtigkeit und Heiterkeit über uns, und wir wissen zunächst gar nicht woher. Es ist wie ein Geschenk aus unsichtbarer Hand, oder wie das helle Wehen des Flügels eines Engels. Wir sollten dieses Geschenk, das uns da zuwehte, gut aufnehmen, und wir sollten es hüten, daß es nicht wieder verletzt und ausgelöscht wird. Und wir sollten das unsere tun, es lebendig zu entfalten. Wir sollten schauen, daß das Licht dieser Heiterkeit, dem wir uns mutig und fröhlich zuwenden wollen, beständig werden und bleiben könne. Es kann ganz gut zusammenleben mit ein wenig Melancholie, die wohl auch dazu gehört. Dann glänzt es wie die Sonne in den Dünsten, und das ist dann manchmal besonders schön. Aber das Licht und wir mit ihm, wir müssen uns tapfer durchsetzen gegen jene Art von mürrischer und stumpfer Traurigkeit, die uns manchmal auch überkommen will. Darüber sollte das Licht der Heiterkeit siegen können. Diese Schatten sollten ganz vertrieben werden können.

So könnte sich die Heiterkeit von uns älteren Menschen als eine geschenkte, aber doch unser ganzes Herz und unseren ganzen Mut anfordernde Tugend entfalten. Sie hat eine eigene und neue Art und unterscheidet sich deutlich von der eher naturhaften Fröhlichkeit der Jugend.

Zu dieser Heiterkeit gehört es, daß manches leichter wird, was schwer erschien, und daß man manches leichter nehmen darf, was in seiner Erscheinung furchtbar wichtig tut. Wir wissen ja, wie schnell es vorübergehen wird. Wir haben gelernt, die vordergründigen Wichtigkeiten zu durchschauen. Und so können wir lächeln darüber.

Wir können in dieser Heiterkeit auch unsere eigenen Beschwerden und Beschränkungen ein wenig leicht nehmen und auch darüber lächeln. Wenn es auch fast wie ein kleines Wunder ist, daß man auch darüber lächeln kann.

Und was die Last und den Ernst der Welt angeht, ihre Probleme und ihre Schmerzen und ihren Streit, was ja alles immer noch zu uns gehört, so bleibt dies freilich ernst und bedrückend und ruft auch nach dem Ernst unseres Mitleidens und unseres Helfens. Aber dieser Ernst ist nun, in der Heiterkeit unserer Jahre, doch nicht mehr ganz in sich verschlossen und in sich verbohrt. Er ist vielmehr offen und frei, und so spürt er etwas Lichtes über all diesen Problemen und all diesem Schmerz und all diesem Streit. Und so wagt er es, der Ernst, auch angesichts dessen, was ihn so ernst stimmt, ein wenig zu lächeln. Das tut dem gebotenen Ernst keinen Eintrag. Aber es bewahrt ihn vor der finsteren Sturheit, öffnet ihn ins Freie, und macht ihn elastisch und gelenkig. Die Heiterkeit gibt ihm etwas wie eine helle Weisheit auf seinen Weg mit.

So kann in der Heiterkeit der älteren Menschen, wenn sie gelingt, alles leichter und besser werden, sowohl die Last des eigenen Leibes und Lebens wie auch die Last und die Trauer der Welt. Und sie erweist sich immer wieder als ein gutes Gegenmittel gegen alle Erstarrungen, nicht nur gegen die, die das Älterwerden manchmal mit sich bringt, sondern auch gegen die anderen und gefährlicheren, in denen die Menschen manchmal in ihrem Zorn oder in ihrer Trauer oder gar in ihrer Verzweiflung erstarren. Darum sind wir ältere Menschen der Welt diese Gabe unserer Heiterkeit schuldig. Sie schafft gewiß das Traurige und das Böse in der Welt nicht schnell hinweg. Aber sie hilft, es leichter und mit einem helleren und klareren Sinn zu überwinden.

Diese so vieles erleichternde Leichtigkeit kommt wie vom Himmel, wie von einem Engel. Kommt sie gar von Gott? Indem wir in diesem Zusammenhang dieses merkwürdige und kurze Wort nennen, Gott, wird uns auffallen, daß wir es eigentlich gar nicht mehr so leicht in den Mund nehmen. Aber was es sagen will, das Unsagbare, wird stiller und größer, und manchmal zeigt es sich ein wenig in der Heiterkeit und rückt näher. Und das ist dann das einzige, was wirklich ernst ist. Und gerade von diesem einzig Ernsten her wird die Welt leichter und heller, einschließlich ihrer Finsternisse.

In diesem Zusammenhang können wir auch sehen, welch großen und kühnen Mut des Glaubens es erfordert, die göttliche Gabe der Heiterkeit durchzuhalten ohne Illusionen und angesichts der Trauer der Welt.

Die Tugend der Heiterkeit, die wir hier meinen, die Fähigkeit des Lächelns über die Unvollkommenheiten der Welt, ist voll von einer stillen Art von

Liebe. Denn die Heiterkeit dieses Lächelns ist weit entfernt von allem Hämischen oder Bitteren und auch von aller gedankenlosen Gleichgültigkeit. Und wenn diese Heiterkeit die Welt leicht nimmt, die äußere wie die innere, so liegt in diesem Leicht-Nehmen eine liebende und freundliche Zuneigung. Der Heitere wird es allen Menschen herzlich gönnen, zu sein. Und er wird sich gerne freuen mit den Fröhlichen und wird auch immer bereit sein, die Trauernden und Belasteten freundlich zu verstehen und, so gut er kann, zu trösten, sie aus ihrer Trauer aufzurichten zum Licht. Und so wird er ihnen gerne einen Schritt weiterhelfen. Eine heitere und liebende Bereitschaft wird in ihm leben, allen nahe zu sein und für alle offen zu sein, besonders für die, die vielleicht Grund haben, traurig oder zornig zu sein: eine heitere und liebenswürdige Dienstbereitschaft nach allen Seiten.

Die liebende Heiterkeit der älteren Menschen wird es meistens mit jüngeren Menschen zu tun haben. Sie wird dabei weit davon entfernt sein, ihnen ihre Jugend und ihre Erfolge nicht zu gönnen. Dies kann freilich manchmal eine Versuchung für uns ältere Menschen sein. Aber der gute heitere Sinn, in dem Liebe glänzt, wird über diese Versuchung hinwegkommen und die jüngeren Leute mit freundlichem Verstehen begleiten und ihnen bisweilen, wenn die Gelegenheit gut ist, einen hilfreichen Rat geben oder sonst ein ermutigendes Helfen.

Und in heiterer, von Liebe erwärmten Freundlichkeit werden wir auch den Gleichaltrigen und den wenigen Älteren begegnen, und besonders ihren

Schwächen und Sonderlichkeiten, die uns ja an ihnen mehr auffallen als an uns selber.

Mit von Liebe erwärmter Heiterkeit werden wir sogar unserer vielen toten Verwandten und Freunde immer wieder gedenken. Wir werden ihnen das stille Geheimnis ihrer Ruhe gönnen, in die schließlich aller Schmerz und aller Streit des Lebens sich auflöst. Und das ewige Licht, das uns so dunkel erscheint und das wir doch für sie erhoffen dürfen. So werden wir bisweilen heiter, liebend und besinnlich mit ihnen Umgang haben.

Die Liebe, die still und unaufdringlich, aber wach in der wahren Heiterkeit lebt, wird so alles und alle umfassen. Denn sie ist ja in ihrem Tiefsten und Höchsten ein Geschenk und ein Strahl aus jenem selber liebenden Geheimnis, das alles und alle umfaßt, und am meisten die, die am meisten mühselig und beladen sind.

Die gut gereifte, liebende Heiterkeit ist auch immer voll von Zuversicht und Hoffnung. Solche Haltungen wie Zuversicht und Hoffnung erblühen fast von selbst aus ihr. Versuchen wir nur einmal, auf gute, liebende Art fröhlich zu sein, dann werden wir schnell merken, daß das gar nicht geht ohne eine helle, hoffende Zuversicht.

Gewiß hat diese heitere Zuversicht immer wieder zu kämpfen gegen die Angst, die sich ja auch umtreibt in unserem Herzen. Darum ist auch nach dieser Seite hin die Heiterkeit und ihre Hoffnung nicht selbstverständlich. Sie ist gerade auch gegenüber der Angst ein besonderes Gottesgeschenk, auf das wir uns auch mit einem besonderen Mut einlassen müssen. Also wirklich eine Tugend. Sie kann siegen über die Angst und ihre Mächte, aber es ist niemals ganz leicht.

Die Hoffnung der Heiterkeit fällt, sofern sie ernst und gereift ist, auch nicht in den Leichtsinn, sich zu täuschen über die irdischen Möglichkeiten, die uns bleiben. Wir wissen ja schon: unsere Jahre gehen zur Neige. Noch sind zwar unsere Gedanken und Antriebe lebendig. Aber doch nicht mehr grenzenlos. Und wir wissen auch, daß die Beschwerden des Älterwerdens wachsen werden, kaum merklich vielleicht, aber stetig.

Und trotz alledem ist es uns bisweilen gegeben, heiter zu sein und in der Heiterkeit zuversichtlich. Und wir wollen auch den Mut aufbringen, dies wirklich zu erfassen. Dann werden wir sehen: für diese Art von Heiterkeit wiegt auch das Wachsen der Schatten und das Näherkommen dessen, was uns wie Nacht erscheint, nicht allzuschwer.

In diesem heiligen Leichtsinn der Altersheiterkeit lebt etwas Göttliches, und sie ist erfüllt von einer ihr eigentümlichen Frömmigkeit, die über Leiden und Dunkel und Tod hinwegblicken kann ins unsichtbare Licht. Von jenem Licht ist sie ein Strahl, und darum kann sie glänzen wie ein Stern am Abend.

Darum ist diese Heiterkeit, sofern sie echt ist, auch so etwas wie ein Engel. Und es ist, wie wenn er sagte: Fürchte Dich nicht! Mag kommen, was will, es wird aus Gottes Hand kommen und in Gottes Herz führen. Dort ist der verborgene Quell des Lichtes, das auch das Dunkle hell und heiter macht. Fürchte Dich nicht!

Augustin hat diese schöne und auch christliche Tugend einmal in einer Predigt in einem guten und knappen Wort ausgesprochen: Canta et ambula – Singe, und geh deines Weges. Mut zur Tugend, 227 ff.

Quellenverzeichnis

Bernhard Welte, Vom Geist der Buße und vom Trost der Buße. Verlag Herder, Freiburg 1945. (= Buße)

–, Gemeinschaft des Glaubens. Gedanken über die Kirche. Verlag Josef Knecht, Frankfurt a.M. 1951. (= Kirche)

–, Vom Geist des Christentums. Verlag Josef Knecht, Frankfurt a.M. ²1966. (= Geist)

–, Im Spielfeld von Endlichkeit und Unendlichkeit, Gedanken zur Deutung des menschlichen Daseins. Verlag Josef Knecht, Frankfurt a.M. 1967. (= Spielfeld)

–, Dialektik der Liebe. Verlag Josef Knecht, Frankfurt a.M. 1973. (= Liebe)

Josef Blank / Bernhard Welte, Geschenkte Zeit. Meditationen. Verlag Herder, Freiburg i.Br. 1975. (= Geschenkte Zeit)

Bernhard Welte, Maria die Mutter Jesu. Meditationen. Verlag Herder, Freiburg i.Br. ⁵1976. (= Maria)

–, Die Würde des Menschen und die Religion. Anfrage an die Kirche in unserer Gesellschaft. Verlag Josef Knecht, Frankfurt a.M. 1977. (= Würde)

–, Meister Eckart, Gedanken zu seinen Gedanken. Verlag Herder, Freiburg i.Br. 1979. (= Meister Eckhart)

Karl Rahner – Bernhard Welte (Hrsg.), Mut zur Tugend. Von der Fähigkeit menschlicher zu leben. Festschrift zum 75. Geburtstag von Dr. Robert Scherer am 6. März 1979, Freiburg i. Br. 1979. (= Mut zur Tugend)

–, Ernstfall der Hoffnung. Gedanken über den Tod. Verlag Herder, Freiburg i. Br. 1980. (= Ernstfall)

–, Zwischen Zeit und Ewigkeit, Abhandlungen und Versuche, Verlag Herder, Freiburg i. Br. 1982. (= Zeit u. Ewigkeit)

–, Religionsphilosophie. Verlag Herder, Freiburg i. Br. [4]1985. (= Religionsphilosophie)

Verlag Herder und Herausgeberin danken dem Verlag Josef Knecht für die freundlich gewährte Abdruckerlaubnis.

Von Alice Scherer herausgegebene Werke, erschienen im Verlag Herder

Frauen im Gebet (zusammen mit Ulrike Marcks) 1966.

Alfred Delp, *Worte der Hoffnung*
7. Aufl. 1982.

Pierre Teilhard de Chardin, *Worte des Glaubens.*
4. Aufl. 1980.

Erhelltes Leben. Ein besinnliches Lesebuch.
2. Aufl. 1981.

Josef Gülden, *Wovon wir Menschen leben.*
Ein Besinnungsbuch.
1982.

Weihnachten entgegengehen.
Geistlicher Begleiter für jeden Tag der Advents- und Weihnachtszeit.
7. Aufl. 1988. ISBN 3-451-19847–9.

Ostern entgegengehen.
Geistlicher Begleiter für jeden Tag der Fastenzeit
6. Aufl. 1988. ISBN 3-451-19508-9.

Pfingsten entgegengehen.
Geistlicher Begleiter für die 50 Tage von Ostern bis Pfingsten.
1986. ISBN 3-451-20636-6.

Karl Rahner, *Worte gläubiger Erfahrung.*
2. Aufl. 1985. ISBN 3-451-20383-9.